# दक्षिण का वैष्णव भक्ति साहित्य
# भक्त कवि अन्नमाचार्य

### डॉ. माणिक्यांबा 'मणि'

All rights reserved. No part of this publication may be reproduced, stored, in or introduced into a retrieval system, or transmitted, in any form by any means may it be electronically, mechanical, optical, chemical, manual, photocopying, or recording without prior written permission of the Publisher/ Author.

Dakshin ka Vaishnav Bhakti Sahitya
Bhakta Kavi Annamacharya

by
Dr . P. Manikyamba 'Mani'

Copyright: Prof. P. Manikyamba 'Mani'
First edition published by
Kasturi Vijayam, Nov-2023
ISBN: 978-81-964872-1-8

Print On Demand

Ph:0091-9515054998
Email: Kasturivijayam@gmail.com

Books available
@
Ph:0091-9515054998
Email: Kasturivijayam@gmail.com
Amazon, Flipkart

मेरे जीवन-साथी, मेरे प्रेरणास्रोत,
जिसने जीवन को स्नेह सुरभि से भर दिया,
परम मित्र,
प्रिय पति श्री शंकर राव जी की......,
स्मृति को साहित्य - सुमन यह अर्पित।

**मणि**

# प्राक्कथन

अन्नमाचार्य भारतीय भक्ति साहित्य के मध्ययुग के महान भक्त एवं पद रचनाकार थे। उन्होंने श्री बालाजी वेंकटेश्वर स्वामी की भक्ति की तन्मयता में, पद रचकर गायन किया था। अन्नमाचार्य को 'पद कविता पितामह' कहा जाता है। तेलुगु साहित्य में पहली बार पदों की रचना करने का श्रेय उनको ही जाता है। ये पद आज भी अत्यंत लोकप्रिय एवं प्रसिद्ध है। कर्णाटक संगीत में इनका गायन विशेष रूप से प्रचार-प्रसार में है। एम.एस.सुब्बलक्ष्मी ने कर्णाटक संगीत शैली में अनेक पद गाये थे। आशा भोंसले ने हिंदुस्तानी गायन शैली में कुछ पदों को गाया था। आशा जी का 'मा जहीहि दुष्ट मना इति' आदि प्रसिद्ध है। दक्षिण में अन्नमाचार्य पद-रचना के साथ, संगीत की राग-रागिनियों स्वरबध्द कर, स्वयं गायन करनेवाले भक्त कवि के रूप में अत्यंत प्रसिद्ध है। किंतु मैंने देखा कि हिंदी प्रदेश, पूर्वी भारत या पश्चिमी भारत में उनको सामान्य जनता ही नहीं विद्वत् समुदाय भी न के बराबर जानता है। इस महान भक्त कवि के साहित्य और व्यक्तित्व के बारे में हम तेलुगु भाषियों ने हिंदी में नहीं लिखा और परिचय नहीं कराया तो कैसे जानें। बहुभाषी इस देश हम एक प्रांत के लोग पड़ोसी प्रांत के साहित्य की जानकारी के लिए हिंदी में लिखा जाना आवश्यक है।

स्वनाम धन्य डॉ. रामविलास शर्मा जी ने अपने 'भक्ति आंदोलन' पुस्तक में भारतीय भाषाओं के संदर्भ में बहुत ही

सुविचारित एवं योजनाबद्ध समीक्षा की थी। तेलुगु में त्यागय्या या त्यागराज से पूर्व जो भक्ति साहित्य है उसका विवेचन नहीं किया जा सका। क्योंकि तेलुगु भाषा के 11 वीं से 17 वीं शताब्दी का विस्तृत भक्ति साहित्य उनके लिए अपरिचित था। हिंदी में कोई सामग्री उनको उपलब्ध नहीं थी। सूर साहित्य के समीक्षक हरबंस शर्मा या भक्ति काल के समीक्षक आचार्य हजारी प्रसाद द्विवेदी जी ने माना दक्षिण के मेधमय गगन से भक्ति की भाव धारा की वर्षा हो रही थी। दक्षिण में भक्ति के विशाल आकाश पर व्याप्त मेघखंड अनुकूल वायु को पाकर समस्त भारत पर आच्छादित हो गये। वर्षा की झड़ी ऐसी लग गयी सत्रहवीं शताब्दी तक भक्ति भावना से समूचे भारत को आप्लावित कर दिया। तमिल भाषी विद्वानों ने आलवारों की भक्ति और साहित्य को और नायनमारों के शैव साहित्य के बारे में ही नहीं, संघकालीन 'मणिमेखलै' एवं 'शिलप्पाधिकरम् "का भी हिंदी माध्यम से समस्त भारत को अवगत कराया। कन्नड विद्वानों ने शरण साहित्य एवं शैव संप्रदाय के बारे में भी पर्याप्त जानकारी दी है। लीलाशुक की संस्कृत रचना 'श्री कृष्ण कर्णामृतम्' एवं अन्नमाचार्य के पद साहित्य का वैष्णव भक्ति के संदर्भ में अत्यंत महत्वपूर्ण स्थान है। इस रचना के बारे में हिंदी में कोई पुस्तक नहीं मिलती। तेलुगु में पोतना की सरस भक्ति धारा से सराबोर 'श्रीमद् भागवत' (तेलुगु) के अनुसृजन का साधारण परिचय मिलता है। यद्यपि श्रीमद् भागवत में सभी अवतारों का विस्तृत काव्यमय वर्णन है गजेंद्र मोक्ष, प्रह्लाद चरित और रुक्मिणी कल्याण, कृष्णलीला आदि दशम स्कंध के प्रसंग तेलुगु भाषी समाज में अद्यतन बहुत लोकप्रिय है। तेलुगु भागवत ग्रन्थ के कृष्ण की बाल लीला, कालिय दमन, गोवर्द्धन पर्वत का संदर्भ रुक्मिणी विवाह प्रसंग आदि संदर्भ बहुत ही रम्य एवं रसपूर्ण चित्रण के लिए प्रसिद्ध है। इस ग्रन्थ का

सामान्य परिचय मिलता है। श्रीमद भागवत (तेलुगु) का हिंदी अनुवाद आचार्य भीमसेन "निर्मल" के संपादन कुछ दशकों पहले संपन्न हुआ था। इसकी प्रतियाँ दुर्लभ हैं। इस ग्रन्थ की विस्तृत व्याख्या एवं समीक्षा के साथ अवलोकन कर हिंदी में प्रस्तुत करना अब आवश्यक है।

प्रस्तुत पुस्तक में मैंने मध्युगीन कृष्ण-भक्ति साहित्य के संदर्भ में लीलाशुक द्वारा रचित 'श्रीकृष्ण कर्णामृत' का विवेचन किया। अन्य पुराणों के साथ 'बसव पुराण' का परिचय दिया। यह वीर शैवमार्ग या "बसव मार्ग" का प्रमुख ग्रन्थ कहा जाता है। पुस्तक का केंद्र विषय 'दक्षिण का वैष्णव भक्ति साहित्य : भक्त कवि अन्नमाचार्य' होने के कारण परिशिष्ट में "श्रीकृष्ण कर्णामृत" एवं "तेलुगु का पुराण साहित्य" के लेख में मैंने जोड़ दिये। यह इसलिए भी आवश्यक हो गया है कि पुस्तक विशालकाय होने से बचाना है। यद्यपि ऐसा करने में पुस्तक को पढ़ते समय कुछ क्लिष्टता का अनुभव होगा। इसमें सुविधा यह होगी कि अन्नमाचार्य के विषय प्रतिपादन में तारतम्य बना रहेगा और जिन्हें विशेष जानने की इच्छा होगी, इन लेखों को पढ़ सकते हैं। बिना किसी व्यवधान के अन्नमाचार्य के भक्ति साहित्य में पूर्णतया अवगाहन कर सकते हैं।

पुस्तक के रचना क्रम में अनेक दोष हो सकते हैं। मैं यह भी दावा नहीं कर सकती हूँ कि अन्नमाचार्य के साहित्य का समग्र मूल्यांकन हुआ है। इस पुस्तक के परिशिष्ट में दो अध्यायों को जोड़ने के पीछे उद्देश्य है -1. भारतीय भक्ति-आंदोलन के सन्दर्भ में 'बसव पुराण' की उपादेयता को रेखांकित करना। "बसवा पुराण" ग्यारहवीं शताब्दी के कवि पालकुरिकि सोमनाथ की रचना है जो भक्ति आंदोलन की प्रथम कड़ी हो सकती है। यह एक आंदोलन था ज़िसका लक्ष्य ही था- जाति और वर्ण निरपेक्ष शैव धर्म जिसमें स्त्री -पुरुष

दलित-सवर्ण को शिव की उपासना का समान अधिकार देना था। तत्कालीन समाज में व्याप्त जैन धर्म को अपदस्थ कर शैवमत की स्थापना और प्रचार-प्रसार। इस लक्ष्य में सफल होना इसकी विशेषता है। मध्ययुगीन अन्य पुराणों के बारे में भी सामान्य परिचय देना।

2. श्री कृष्ण कर्णामृत-लीलाशुक/बिल्वमंगल शैव मत में दीक्षित परिवार में जन्म लेकर भी श्रीकृष्ण के अनन्य भक्त हो गये थे। उन्होंने वासुदेव कृष्ण को यशोदा कृष्ण के रूप में देखा और बाल लीलाएँ, माखनचोरी लीला, किशोर कृष्ण के रूप में गोपीजन के साथ अनेक प्रसंग, मुरली वादन, रासलीला प्रसंग आदि का भागवत के बाद पहली बार रसमय चित्रण संस्कृत में इस रचना में किया गया था। यह ग्रंथ संस्कृत में होने के कारण परवर्ती हिंदी कृष्ण भक्ति साहित्य को वल्लभाचार्य के प्रवचनों के द्वारा इससे प्रेरणा मिली होगी। कुछ पद तो अनुवाद लगते हैं।

अन्नमाचार्य की भक्ति और पद साहित्य का विस्तार से इस रचना में परिचय देने का मेरा यह छोटा प्रयास है। अन्नमाचार्य ने भी अपनी संस्कृत पद रचना में राधा कृष्ण की श्रृंगार लीलाओं का चित्रण किया और तेलुगु में विपुल रचना की थी। वल्लभाचार्य के उद्बोधनों के कारण इन संस्कृत पदों का प्रत्यक्ष या परोक्ष प्रभाव हिंदी कृष्ण भक्ति साहित्य पर देखा जा सकता है।

यहाँ यह भी बताना आवश्यक है कि पुस्तक के अध्यायों में कुछ पहले आलेखों के रूप में लिखे गये। बाद में पुस्तकाकार देने का विचार आया तो अन्य शीर्षकों को जोड़ कर पुस्तकाकार दिया गया। कहीं-कहीं पौनःपुन्य मिलता है। यह पुस्तक का दोष हो सकता है। आलेख की समग्रता के लिए यह आवश्यक था। पुस्तक में भी अध्याय प्रायः विषय की समग्रता के साथ है। इसके प्रकाशन के पीछे मेरा इतना ही उद्देश्य है कि मध्ययुगीन भक्त कवि अन्नमाचार्य

एवं 11 वीं शताब्दी से 15 वीं शताब्दी तक के तेलुगु के भक्ति साहित्य से अवगत कराना। इसमें तेलुगु के पुराण साहित्य को भी जोड़ा। सगुण भक्ति साहित्य एवं सगुण निर्गुण भक्ति के समन्वय की दृष्टि से इन रचनाओं का बहुत महत्व है।

**अन्नमाचार्य-पूर्व कृष्ण-भक्त कवि :**

बारहवीं शताब्दी के अंतिम चरण में बंगाल में राजा लक्ष्मण सेन का शासन काल माना जाता है। जयदेव ने उनकी सभा में वैष्णाव काव्य परंपरा का अनुसरण करते हुए गीत गोविंद की रचना की। यह संस्कृत भाषा में लिखा गया काव्य है। इसलिए परवर्ती काव्य पर इसका प्रभाव देखा जा सकता है। इस काव्य में राधा-कृष्ण की प्रेममय श्रृंगार लीलाओं का चित्रण है। उस युग के सर्वश्रेष्ठ कवि जयदेव ने अपने ग्रंथ के पाठक के लिए कहा था-

''यदि हरिस्मरणे सरसं मनो
यदि विलास कलासु कुतूहलं ।
सरस कोमलकांत पदावलीं,
श्रुणु, जयदेव सरस्वतीम्।।'' - जयदेव

हरिस्मरण में ह्रदय रसाप्लावित हो और विष्णु की सरस लीलाओं के प्रति कुतूहल हो तो जयदेव की वाणी सुनें। संस्कृत भाषा में होने के कारण जयदेव के 'गीत गोविंद' का समस्त भारत के भक्त कवियों में प्रचार-प्रसार हुआ। इस ग्रन्थ में बाल लीलाएं ,कालिय दमन, गोवर्धन लीला, किशोर कृष्ण की अन्य लीलाओं का चित्रण नहीं है। भक्त जयदेव ने केवल राधा-कृष्ण की श्रृंगार लीलाओं का ही प्रणयन किया था।

**चंडीदास :**

बंगाल में मुसलमानों के आक्रमण के बाद राजनीतिक उठा-पटक और सांस्कृतिक विषमता के कारण चौदहवीं शताब्दी के उत्तरार्द्ध तक वैष्णव भक्ति साहित्य में अंतराल आ गया। चंडीदास को बंगला का प्रथम कवि माना जाता है। इनका जीवन काल 14 वीं-15 वीं शताब्दी के बीच माना जाता है। इनका कृष्ण कीर्तन देसीय प्रबंध काव्य जैसा माना जाता है। इसमें कृष्ण जन्म से लेकर राधा-कृष्ण का प्रेम, वियोग में तड़पती राधा के करुण विलाप का मार्मिक चित्रण है। चंडीदास की भी राधा कृष्ण की श्रृंगार लीलाएँ ही प्रसिद्ध हैं। अन्नमाचार्य का जीवन काल 1408-1503 तक माना जाता है। बंगला भाषा में होने के कारण अन्नमाचार्य के श्रृंगार पदों पर इनके प्रभाव के बारे में कुछ कहा नहीं जा सकता। बंगला-तेलुगु पर अधिकार रखनेवाले कोई विद्वान अपने शोध के आधार पर निष्कर्ष निकाल सकते हैं।

**विद्यापति :**

'मैथिल कोकिल' एवं 'अभिनव जयदेव' की उपाधियों से अलंकृत लोकप्रिय कवि की पदावली 'विद्यापति की पदावली' नाम से प्रसिद्ध है। इनकी रचना में राधा-कृष्ण की घोर श्रृंगार लीलाओं का चित्रण है अधिकांश आलोचकों के अनुसार विद्यापति की काव्य भाषा मैथिली है। मैथिली भाषा बंगला भाषा के करीब होने के कारण या अन्य कारणों से कुछ विद्वान विद्यापित को बंगला भाषा के भी कवि मानते हैं। यह भी प्रचलित है कि कुछ उनको 'शैव' मानते हैं तो कुछ उनको वैष्णव कवि मानते हैं।

विद्यापति का जीवन काल 1375-1446 माना जाता है। 1446 ई. में अन्नमाचार्य अपने यौवन काल में वेंकटेश्वर बालाजी के परमभक्त के रूप में प्रसिद्ध हो कर भक्तिमय सरस एवं मधुर पदों का गायन कर रहे थे। विद्यापति के परवर्ती जीवन के अन्नमाचार्य समकालीन थे। इस प्रकार अन्नमाचार्य मध्य युग के भारत की प्रांतीय भाषाओं में कृष्ण की बाल लीलाओं का चित्रण करनेवाले प्रथम कवि सिद्ध होते हैं। तिरुपति के मंदिर में श्री वेंकटेश्वर एवं श्री कृष्ण में अभेद मानते हुए भाव विभोर तन्मय दशा में बाल लीलाओं का गायन किया था। रूप-वर्णन, संयोग-वियोग श्रृंगार, अध्यात्म, वैराग्य, शरणागति आदि का 32 हजार पदों का विस्तृत साहित्य तेलुगु साहित्य की अमूल्य निधि है। (इस कालखंड के अनेक प्रबंध काव्य हैं जो शैव भक्ति एवं वैष्णव भक्ति के प्रतिपादन में सशक्त हैं। इन पर फिर कभी विचार किया जाएगा।)

यहाँ मैंने किसी निष्कर्ष पर विचार नहीं किया। भविष्य में भारतीय भक्ति साहित्य के अध्ययन के लिए इन रचनाओं का एवं इन रचनाकारों के योगदान के संदर्भ में विस्तार से विवेचन आवश्यक है। इसको पढ़ने के बाद अन्नमाचार्य के पद-साहित्य के महत्व के बारे में यदि पाठक कुछ जानकारी प्राप्त कर सके तो मेरा यह प्रयत्न चरितार्थ होगा। कुछ शोधार्थी इन विषयों पर प्रेरित हो तो मैं अपने आपको कृतकृत्य मानूंगी। इस अध्ययन के लिए मैंने अनेक पुस्तकों से सहायता ली थी। उन महानुभावों के प्रति कृतज्ञ हूँ। भूमिका में अपने विद्वत्तापूर्ण शब्दों से मुझे उत्साहित करने वाले आचार्य रामेश्वर मिश्र, विश्व भारती, शांति निकेतन को मैं कृतज्ञता ज्ञापित करती हूँ। आचार्य रामेश्वर जी के लिए अनंत शुभकामनाएँ। डॉ. राधा मेरे अंतरंग मित्र हैं और मेरा अवलंब हैं। मेरी साहित्य यात्रा में उनका

विशेष योगदान है। सुंदर डी.टी.पी. के लिए सस्नेह आर्शीवाद एवं शुभकामनाएँ। पाठक समाज के लिए इतना ही कह सकती हूँ-

"तं सन्तः श्रोतमर्हन्ति

सदसद् व्यक्त हेतवः ।

हेम्नः संलक्ष्यते ह्यग्नौ

विशुद्धिः श्यामिकामपि।।"     -कालिदास

**डॉ . पी. माणिक्याम्बा "मणि**
प्रोफ़ेसर एव पूर्व अध्यक्ष,
हिन्दी विभाग,
उस्मानिया विश्वविद्यालय,
हैदराबाद, तेलंगाना

# भूमिका

भारतवर्ष में भक्ति परंपरा अत्यंत प्राचीन काल से है। भारत में इसकी व्यापकता बौद्ध धर्म से भी अधिक विस्तृत रही है। तमिलनाडु से कश्मीर तक तथा सिंध-पंजाब से लेकर असम-मणिपुर तक भक्ति धर्म का प्रसार रहा । भक्ति के प्रसार का जैसे विस्तृत भूगोल है, उसी प्रकार विस्तृत इतिहास भी है । भक्ति-आंदोलन का स्वरूप ईसा की 4-5 वीं शताब्दी से लेकर 16-17 वीं शताब्दी तक माना जाता है । भक्ति के इस प्रसार में एक ओर भक्ति के स्वरूप की निरंतरता है तो दूसरी ओर प्रत्येक क्षेत्र की स्थानीय परिस्थितियों के अनुरूप अपनी विशेषताएँ भी हैं। भक्ति की प्रत्यक्ष उपस्थिति द्रविड़ प्रदेश से मानी जाती है। इस संबंध में साधु-समाज में एक कथन प्रचलित है–

भक्ति द्राविड़ उपजी लाये रामानंद

प्रगट किया कबीर ने सप्तदीप नव खंड ।

वस्तुतः यह कथन भागवत माहात्म्य में लिखित एक श्लोक 'उत्पन्ना द्राविड़े चाहं' के आधार पर है जिसमें भक्ति स्वयं नारद जी से कहती है– "द्रविड़ देश में मेरा जन्म हुआ, कर्नाटक में मैं विकसित हुई, कुछ समय महाराष्ट्र में रही और गुजरात पहुँच कर जीर्ण हो गयी ।" यहाँ ध्यान देने की बात यह है कि तेलुगु भाषी अधिक भू भाग कर्नाटक राज्य में और कुछ भाग तमिल (द्रविड़) प्रदेश के अंतर्गत था। 10-11 वीं शताब्दी के बीच आंध्र प्रांत, गोदावरी तटी के निवासी आदिकवि नन्नया ने संस्कृत 'महाभरत' तेलुगु भाषा में अनुसृजन किया। 10 -11 वीं शताब्दी में ही कर्णाटक राज्य तेलुगु भाषी प्रान्त वरंगल से पालकुरिकी सोमनाथ ने वीर शैवभक्ति मत के बसवेश्वर के

चरित्र को विषय-वस्तु बनाकर तेलुगु भाषा में 'बसवपुराण' का प्रणयन किया था। नायनमारों तथा विष्णुभक्त आलवार संतों में सबसे पहले लौकिक भक्ति का विस्तृत प्रतिपादन मिलता है। दक्षिण की इस भक्ति में किसी का निषेध नहीं था । हिंदू समाज के सभी वर्गों ने इसमें अपना योगदान किया। तमिल भक्तों का काल आचार्य शंकर और आचार्य रामानुज से भी पहले माना जाता है । इस तरह आलवार और नायनमार भक्तों के द्वारा भक्ति लोक में पहले प्रतिष्ठित होती है। उसका शास्त्रीय स्वरूप बाद में निर्मित होता है। दक्षिण के प्रसिद्ध दार्शनिक आचार्य शंकर, आचार्य रामानुज, मध्वाचार्य और निम्बार्काचार्य तथा वल्लभाचार्य के द्वारा भक्ति दक्षिण से उत्तर की ओर प्रस्थान करती है। इसी समय आठवीं शताब्दी में भक्ति के आधार ग्रंथ 'श्रीमद्भागवत' की रचना भी दक्षिण में ही मानी जाती है । रामानुज अपने विशिष्टाद्वैत के साथ कर्नाटक में होयसला राज के यहाँ आश्रय पाते हैं । वहाँ श्रेष्ठ भक्त बसवाचार्य का प्रादुर्भाव होता है । वीरशैव-लिंगायत समुदाय के द्वारा बसव की परंपरा आगे बढ़ी। यहीं से भक्ति का प्रसार महाराष्ट्र में हुआ जहाँ पंडरपुर भक्ति आंदोलन का केंद्र बनता है। संत ज्ञानेश्वर, एकनाथ, नामदेव और तुकाराम महाराष्ट्र के प्रसिद्ध संत हुए। नामदेव ने उत्तर भारत एवं पंजाब तक की यात्रा की और भक्ति का मार्ग प्रशस्त किया। पंजाब के गुरु नानक और कश्मीर की लल्लेश्वरी प्रसिद्ध संत हुए। उत्तर भारत में तो रामभक्ति, कृष्णभक्ति और निर्गुणभक्ति के कवियों की दीर्घ परंपरा आगे बढ़ी और कबीरदास, सूरदास, तुलसीदास, रविदास, दादू दयाल और संत रज्जब जैसे सभी धर्म और वर्गों के साधक प्रसिद्ध हुए । इसी बीच भारत के सभी प्रांतों में स्थानीय भाषाओं में रामायण, महाभारत, गीता और भागवत पुराण का अनुवाद होने लगता है अथवा उनके आधार पर काव्य की रचना होती है। भक्ति और काव्य रचना की यह प्रक्रिया 16 वीं-17 वीं शताब्दी तक चलती है।

पूर्वी भारत में असम में शंकरदेव, बंगाल में चैतन्यदेव तथा उड़ीसा में पंचसखा के नाम से प्रसिद्ध पाँच भक्त कवियों के नेतृत्व में भक्ति का प्रसार होता है। इसके पूर्व पूर्वांचल में जयदेव (गीतगोविंद) और विद्यापति तथा चंडीदास के पदों के द्वारा भक्ति की साहित्यिक पृष्ठभूमि तैयार हो चुकी थी । महाप्रभु चैतन्य, गीतगोविंद तथा विद्यापति और चंडीदास के राधा-कृष्ण विषयक पदों को सुनकर भाव विभोर हो जाते थे। महाप्रभु चैतन्य के प्रभाव से बंगाल में वैष्णव समाज का गठन होता है जिसमें समाज का हर वर्ग सम्मिलित होता है और ऊँच-नीच, छुआछूत की भावना पर कुठाराघात होता है। चैतन्यदेव उड़ीसा होते हुए दक्षिण की यात्रा करके वहाँ के भक्ति भाव से भी परिचित होते हैं। दक्षिण गोदावरी पर तटी उन्होंने "श्रीकृष्ण कर्णामृत" सुना इस रचना से प्रभावित होते है जिस में राधा एवं रास लीला का भी मधुर चित्रण है। इस ग्रन्थ के एक अध्याय की प्रतिलिपि अपने ले गए थे। (डॉ.मणि जी का कथन है कि इस ग्रन्थ के श्लोकों का पाठ आजतक आंध्र के अनेक परिवारों में होता आ रहा है ) वृंदावन की यात्रा के पश्चात वे आजीवन जगन्नाथपुरी में ही निवास करते हैं। महाप्रभु चैतन्य का सबसे बड़ा अवदान यह है कि उन्होंने ही सर्वप्रथम वृंदावन का पुनरुद्धार किया तथा उनके शिष्यों-प्रशिष्यों रूप गोस्वामी, सनातन गोस्वामी तथा जीव गोस्वामी के द्वारा वृंदावन में भक्ति के शास्त्र की प्रतिष्ठा होती है और पूर्वांचल में वैधी भक्ति के स्थान पर रागानुगा भक्ति का प्रचलन होता है। बंगाल की इस रागानुगा भक्ति का प्रभाव मणिपुर में भी होता है तथा वहाँ संकीर्तन तथा रासनृत्य के द्वारा भक्ति का एक नवीन सांस्कृतिक रूप प्रकट होता है। संपूर्ण मणिपुर भक्ति से आप्लावित होकर एक नए समाज के रूप में प्रतिष्ठित होता है। यही कार्य श्रीमंत शंकरदेव के द्वारा असमी समाज के उत्थान के लिए किया जाता है। असमिया समाज कई प्रकार के धार्मिक संप्रदाय, रीति-रिवाज में बँटा था। असम में तंत्र-मंत्र और कुसंस्कारों का बोलबाला था। शंकरदेव ने अपने भागवत धर्म का प्रचार कर विपुल साहित्य की रचना की।

उन्होंने 12 वर्ष तक भारत-भ्रमण कर एक नया अनुभव प्राप्त किया । उनके द्वारा प्रचारित नव-वैष्णव भक्ति मार्ग– 'एकशरण' धर्म के द्वारा असम में समाज गठन की एक नयी प्रेरणा मिली।

भक्ति और भक्ति आंदोलन की परिपूर्ण चर्चा भारतवर्ष के शैक्षणिक जगत में तथा विदेशी विश्वविद्यालय में हो चुकी है। तमिल की आलवार तथा नायनमार भक्ति एवं अद्वैत एवं द्वैतवादी आचार्यों की परंपरा का यथेष्ट उल्लेख हो चुका है। दक्षिण के आचार्यों की उत्तर भारत की यात्रा, महाराष्ट्र के नामदेव का पंजाब तक गमन, पंजाब के गुरु नानकदेव, बंगाल के महाप्रभु चैतन्य, असम के श्रीमंत शंकरदेव के कई वर्षों तक भारत भ्रमण से भक्ति भावना का आदान-प्रदान हुआ। आचार्य रामानुज तमिल प्रांत से आकर कर्नाटक में रहने लगे। कुछ साल बाद वहाँ महान संत वसवेश्वर का आविर्भाव होता है। भारतीय भक्ति परंपरा में बसवेश्वर के अवदान की यथेष्ट चर्चा हो चुकी है। विश्वभारती, शांतिनिकेतन से हिंदी में आलवार और नायनमार संतों की रचनाएँ प्रकाशित हुईं तो बेंगलुरू की बसव समिति द्वारा भारत की समस्त प्रमुख भाषाओं में बसवेश्वर की रचनाओं का अनुवाद प्रकाशित हुआ।

तेलुगु में भी भक्ति परंपरा दक्षिण भारत की अन्य भाषाओं के साथ-साथ विकसित हुई। लीलाशुक अथवा बिल्वमंगल द्वारा संस्कृत में रचित "श्रीकृष्णकर्णामृत" के संबंध में विवाद है कि इसकी रचना आंध्र में हुई या केरल में लेकिन इसके महत्व की विशेष चर्चा न हो सकी । इसकी रचना जयदेव के गीत-गोविंद से भी पहले हुई और इसमें राधा-कृष्ण की प्रेम लीला का मनोरम वर्णन मिलता है। कहा जाता है कि दक्षिण यात्रा में महाप्रभु चैतन्य का परिचय इस ग्रंथ से हुआ और उनकी प्रेमभक्ति के स्वरूप निर्माण में इस ग्रंथ का विशेष महत्व है। इसी प्रकार तैलंग ब्राह्मण वल्लभाचार्य के प्रभावस्वरूप वृंदावन में कृष्णभक्ति को तथा विशेषकर हिंदी कृष्ण-भक्ति साहित्य को नया स्वरूप मिला ।

इनके अतिरिक्त आंध्र के कई भक्त कवि थे–जिनका परिचय आंध्र के बाहर समुचित रूप से न हो सका।

प्रोफेसर पी. माणिक्यांबा 'मणि' दीर्घकाल से भारतीय भक्ति साहित्य का अध्ययन कर रही हैं। तेलुगू भक्ति साहित्य के कई पक्षों पर उन्होंने समुचित प्रकाश डाला है। प्रस्तुत ग्रंथ में उन्होंने दक्षिण भारत की भक्ति परंपरा पर ध्यान रखते हुए भक्ति साहित्य में न्नमाचार्य के अवदान और उनके महत्व का प्रमाणिक विवेचन किया है वैसे तो तेलुगु भाषा में रचित भक्ति साहित्य और भक्तों–पालकुरिकि सोमनाथ, तिक्कन्ना, अन्नमाचार्य, बम्मेर पोतना, वेमना और त्यागराज का सामान्य परिचय भक्ति आंदोलन की चर्चा के समय मिल जाता है किंतु इस ग्रंथ में आचार्य-कवि-भक्त अन्नमाचार्य की विशेषताओं का संपूर्ण परिचय मिलता है

मध्यकाल में वृंदावन में कृष्णभक्ति का जो पुनरुद्धार हुआ उसमें महाप्रभु चैतन्य और वल्लभाचार्य दोनों की विशिष्ट भूमिका थी। महाप्रभु चैतन्य ने वृंदावन की यात्रा की और उनके अनुयायियों–सनातन गोस्वामी, रूप गोस्वामी और जीव गोस्वामी के माध्यम से वहाँ गौड़ीय वैष्णव भक्ति का प्रसार हुआ इसी प्रकार आचार्य वल्लभ ने पुष्टिमार्ग के द्वारा कृष्णभक्ति धारा को समृद्ध किया। विशेषता यह है कि इस ग्रन्थ ने प्रमाणित किया कि दोनों ही महानुभावों की कृष्णभक्ति का स्वरूप निर्मित करने में श्रीमद्भागवत के साथ-साथ 'श्रीकृष्णकर्णामृत' की भी महत्वपूर्ण भूमिका रही है। महाप्रभु चैतन्य अपनी दक्षिण की यात्रा में 'श्रीकृष्णकर्णामृत' से परिचित हुए। डॉ. माणिक्यांबा ने इस ग्रंथ के परिशिष्ट में लीलाशुक और उनके श्रीकृष्णकर्णामृत के महत्व का विवेचन किया है और बताया है कि इसमें पहली बार राधा-कृष्ण, गोपी-कृष्ण और बाल-कृष्ण का वर्णन मिलता है। इस ग्रंथ के द्वारा दक्षिण की भक्ति परंपरा, तेलुगु भक्ति साहित्य और अन्नमाचार्य की भक्ति भावना और भारतीय भक्ति परंपरा में उनके योगदान की मूल्यवान चर्चा की

गई है। अन्नमाचार्य ने 32 हजार के लगभग पदों की रचना की है जिसमें अध्यात्म, भक्ति, श्रृंगार और वात्सल्य भाव के पद मिलते हैं। इस ग्रंथ के द्वारा अन्नमाचार्य की भक्ति-भावना की विवेचना के द्वारा दक्षिण की भक्ति की एक महत्वपूर्ण कड़ी का उपस्थापन हुआ।

डॉ. रामेश्वर मिश्र

पूर्वअध्यक्ष मानविकी संकाय

पूर्व अध्यक्ष &आचार्य ,हिन्दी विभाग

विश्वभारती,विश्वविद्यालय ,

शांतिनिकेतन पश्चिम बंगाल.

# अनुक्रमणिका

**प्रथम अध्याय** ........ **1**

अन्नमाचार्य और युगीन परिस्थितियाँ ........ 1

**द्वितीय अध्याय** ........ **24**

अन्नमाचार्य का पद-साहित्य : दार्शनिक चेतना ........ 24

**तृतीय अध्याय** ........ **36**

अन्नमाचार्य की भक्ति भावना ........ 36

**चतुर्थ अध्याय** ........ **54**

अन्नमाचार्य के पद-साहित्य में बालकृष्ण- लीला वर्णन ........ 54

**पंचम अध्याय** ........ **71**

अन्नमाचार्य के पद-साहित्य में श्रृंगार रस की अभिव्यक्ति ........ 71

**षष्ठ अध्याय** ........ **89**

अन्नमाचार्य के पद-साहित्य और मधुर-भक्ति ........ 89

**सप्तम अध्याय** ........ **102**

अन्नमाचार्य के पद-साहित्य में समन्वयात्मक दृष्टि ........ 102

**परिशिष्ट** ........ **120**

लीलाशुक और उनका श्रीकृष्ण कर्णामृत ........ 120

**तेलुगु का पुराण साहित्य** ........ **139**

# प्रथम अध्याय
# अन्नमाचार्य और युगीन परिस्थितियाँ

"15 वीं और सोलहवीं शताब्दी का भारत वर्ष राजनीतिक हार का युग भले ही हो, वर्तमान भारत इन शताब्दियों का ही परिणाम है। इन दो सौ वर्षों को एक बार इतिहास से निकाल दीजिए, फिर देखिए कि हम कहाँ रह जाते हैं। वर्तमान भारत जिन महापुरुषों की देन है, वे-रामानंद, वल्लभ, चैतन्य, कबीर, सूरदास, दादू, मीराबाई, तुलसीदास, नरसी मेहता, तुकाराम-सबके सब इन्हीं दो शताब्दियों की उपज है। इन दो शताब्दियों को छोड़ दिया जाए तो हिंदी साहित्य में कुछ रह ही नहीं जाता। यह एक अद्भुत विरोधाभास है, पर है सच। देखा जाए कैसे संभव हुई"[1]

भारतीय भक्ति साहित्य की बात करें तो दक्षिण भारत के भक्त कवियों के बारे में जानना होगा। भक्ति आंदोलन के संदर्भ में भी तेलुगु साहित्य के महत्व की चर्चा आवश्यक है। मध्य युगीन दक्षिण में काकतीय साम्राज्य के समय जैन धर्म का प्रचार-प्रसार अधिक था। उस साम्राज्य के प्रसिद्ध शासक गणपति देव तक जैन धर्मावलंबी थे। बसव धर्म के द्वारा शैव धर्म का प्रचार-प्रसार का श्रेय पालुकुरिकि सोमनाथ की रचना 'बसव पुराण' को जाता है। हम उस समय के राजनीतिक इतिहास की ओर नहीं जाते हुए साहित्य की बात करेंगे। 'बसव पुराण' का रचनाकाल ग्यारहवीं-बारहवीं शताब्दी के बीच माना जाता है। यह रचना इतनी लोकप्रिय हो गयी थी, इसके पद्य साधारण जन समुदाय में सहजता से गाये जाते थे। गेयता भी इसकी विशेषता थी। शैव धर्म की प्रतिष्ठा के साथ बसव-भक्ति (बसवेश्वर) में स्त्री-पुरुष ब्राह्मण-शूद्र या पंचम वर्ण के साथ कोई भेदभाव नहीं था। शिव की उपासना ही परम ध्येय है। बसव भक्ति के क्षेत्र में सब समान है। इस प्रकार की उदार भावना के कारण बसव भक्ति का इतना प्रचार हुआ कि वर्णाश्रम पर आधारित सनातन संप्रदाय

प्रो. माणिक्यांबा 'मणि'

भी प्रभावित हुआ। ठीक इसी दर्मियान चोल राजा, राजराज नरेंद्र की प्रेरणा से महाभारत के काव्यानुवाद का उत्तरदायित्व नन्नय भट ने लिया और आदि पर्व और सभा पर्व तक ही अनुसृजन किया। नन्नय भट का स्वर्गवास हो गया। उसके बाद तिक्कना और एर्राप्रगड़-दोनों महाकवियों द्वारा 'महाभारत' का अनुसृजन कार्य संपन्न हुआ। यह सर्वविदित है कि अपनी प्रेरणात्मक वाणी से महाभारत में भगवद्गीता के द्वारा अर्जुन को प्रबोधित करने वाले भगवान श्रीकृष्ण के दिव्य प्रताप का जयघोष है। भीष्म, विदुर और पाण्डवों के अतिरिक्त महाभारत के अनेक पात्र श्रीकृष्ण की महिमा के कायल थे। 'महाभारत की कथा के साथ विष्णु का अवतार श्रीकृष्ण की भक्ति का प्रतिपादन महाभारत में परोक्ष रूप में हुआ था। एक तरह से यह वैष्णव धर्म का जय घोष है। महाभारत के श्रीकृष्ण के अपने दिव्य प्रभाव के साथ एक राजनीतिज्ञ के रूप में परिलक्षित होते हैं। फिर भी गीता में उद्बोधन देते हैं-

"सर्व धर्मान परित्यज्य
मामेकं शरणं व्रज।।"

और यह भी विश्वास दिलाते हैं-

"यदा यदाहि धर्मस्य, ग्लानिर्भवति भारत
अभ्युत्थान मधर्मस्य तदात्मानं सृजाम्यहम।।"

इस प्रकार विष्णु के अवतार के रूप में स्वयं भक्त वत्सल प्रकट होते हैं। भगवद गीता के विस्तार में न जाते हुए मैं इस बात की ओर संकेत करना चाहती हूँ कि आंध्र प्रांत में 'महाभारत' के अनुवाद के पीछे वैष्णव धर्म के प्रति आस्था जागृत करना रहा। जैन-धर्म और शैव धर्म का संघर्ष काकतीय साम्राज्य के समय मुखर था और काकतीय राजा गणपति देव जैन धर्म छोड़कर बसव धर्म (शैव धर्म) में दीक्षित हुए थे। किंतु यह ध्यान देने की बात है कि महाभारत कालीन आंध्र प्रांत में इस तरह का संघर्ष नहीं था। यह भी सत्य है कि महाभारत (संस्कृत) का अनुवाद कार्य शताब्दियों के अंतराल के बाद संपन्न हुआ। 'बसव पुराण' के रचनाकार एक ही थे और वह समसामयिक समाज को प्रभावित करने में सफल हुए थे।

## दक्षिण में वैष्णव धर्म का विस्तार :

यह निर्विवाद है कि शैव एवं वैष्णव भक्ति साहित्य का सृजन प्रचुर मात्रा में पहली बार दक्षिण भारत में ही हुआ था। शैव भक्त नायन्मार के भक्ति गीत ई. छठी शताब्दी में रचे गये। वैष्णव आलवारों ने पाशुरों की रचना छठी शताब्दी में की और जनमानस में भक्ति भावना का प्रचार प्रसार किया। 12 आलवारों का रचना काल का छठी शताब्दी से लेकर अगले शताब्दियों तक विस्तार हुआ। आलवारों के मतानुसार श्रीमन्नारायण ही आदि देव हैं। यह 'नील मेघश्याम' ही तीनों देवताओं में प्रसिद्ध हैं। वह 'करुणासिंधु' है। उसकी दया है तो काफी है, किसी और देवता के पीछे भागने की जरूरत नहीं है।' (पोयगै आलवार-अन्नमय्या, भारतीय वाग्गेयकार, पृ.105) कुलशेखरालवार ने संस्कृत भाषा में 'मुकुंदमाला' की रचना की जिसमें देवकी सुत वासुदेव कृष्ण की प्रार्थना की थी-

"दिविना भुविना ममास्तुवासो
नरके वा नरकान्तक प्रकामम्।
अवधीरत शरदारविन्दौ
चरणौ ते मरणे पि संश्रयामि।।"2

स्वर्ग में या धरती पर, नरक में भी मेरा वास हो, तुम्हारे अरविंद (कमल) समान चरणों में ही आश्रित रहने की कामना करता हूँ।

विष्णु भक्ति की अनेक रचनाएँ जिनमें विष्णु अवतार श्रीकृष्ण की भक्ति-धारा के है उनमें प्रमुख है - "'श्रीकृष्णकर्णामृत"। महान भक्त लीलाशुक/ बिल्वमंगल ने इसकी रचना की थी। इस रचना में बाल कृष्ण, गोपी कृष्ण, एवं राधा कृष्ण की अनन्य भक्ति भावपूर्ण श्लोकों में वर्णित है। बाललीला, वेणुवादन गोपियों के साथ रासलीला का माधुर्य भरा अनुपम वर्णन है। लीलाशुक ने एक श्लोक में लिखा कि वह शैवधर्म में दीक्षित परिवार के हैं किंतु उसके हृदय में बालकृष्ण विराजमान हैं-

"शैवाः वयं न खलु तत्विचारणीयं पंचाक्षरी जप परा निरतां तथापि.

चैतोमदीयमतसीकुसुमावमासं,

स्मेराननं स्मरति गोपवधू किशोरम।।"[3]

कहा जाता है कि आंध्र प्रांत में ग्यारहवीं, बारहवीं शताब्दी से ही बालकृष्ण, गोपीकृष्ण और राधकृष्ण की पूजा तेलुगु समाज में प्रचलित थी।

इसी परंपरा में अन्नमाचार्य (1408-1503) हुए जो आलवारों की भक्ति से प्रभावित थे। उन्होंने रामानुज संप्रदाय के वैष्णव आचार्य शठगोप मुनि से वैष्णव धर्म की दीक्षा ली। इन्होंने श्री वेंकटेश्वर बालाजी की भक्ति की परवशता में अनेक पदों की रचना की और समस्त अवतारों को श्री वेंकटेश्वर में देखा। पद रचना में आद्य होने के कारण 'पद कविता पितामह' कहलाते हैं। (परिशिष्ट में लीलाशुक/बिल्वमंगल पर विस्तृत लेख संलग्न हैं।)

''हमारा विश्वास है कि ग्यारहवीं से पंद्रहवीं शताब्दी तक उत्तर भारत के जन-साधारण में एक साधना विकसित होती जा रही थी। पंद्रहवीं शताब्दी में वह एक-एक कर फूट उठी। ग्रियर्सन साहब का यह कहना बिलकुल ठीक है कि-''अचानक बिजली के समान यह बात भारतीय अंतरीय के इस छोर से उस छोर तक चमक गयी।'' परंतु इस के लिए चार सौ वर्ष से मेघ पूंजीभूत हो रहे थे। और केवल बिजली ही नहीं चमकी, पंद्रहवीं शताब्दी में भक्ति की जो वर्षा आरंभ हुई, वह चार सौ वर्ष तक बरसती ही रही-जरा भी नहीं रुकी।''[4]

आचार्य हजारी प्रसाद जी का कथन शत प्रतिशत उपयुक्त है। पंद्रहवीं शताब्दी तक ही दक्षिण का भक्ति साहित्य प्रचुर मात्रा में उपलब्ध होता है।

कुलशेखर आलवार की मुकुंदमाला, लीलाशुक/बिल्वमंगल का "श्रीकृष्ण कर्णामृत" और अन्नमाचार्य के हजारों भक्ति भावनापूर्ण पदों और पोतना के श्रीमद् भागवत् के अनुसृजन में दशम स्कंद के भक्तिपूर्ण पद्यों से समृद्ध तेलुगु भाषा प्रांत श्री कृष्णभक्ति साहित्य से समृद्ध हो गया था। यह भी ध्यान देने की बात है कि तेलुगु भाषा प्रांत में शैव भक्ति पूर्ण महत्वपूर्ण काव्यों की भी रचना समानांतर होती रही।

बंगाल में सर्वप्रथम रूप गोस्वामी ने 'उज्जवल नीलमणि' नामक संस्कृत ग्रंथ में भक्ति को रस का स्थान देते हुए' उज्ज्वल रस "का विवेचन

किया। रूप गोस्वामी चैतन्य महाप्रभु के भक्तों में से थे। इनका समय पंद्रहवीं शताब्दी का अंत और सोलहवीं शताब्दी का आरंभ माना जाता है। यह पुस्तक संस्कृत में प्रथम बार भक्ति को अलंकार शास्त्र का आधार देकर लिखी गयी थी। इसके बहुत पहले जयदेव एवं दक्षिण के लीलाशुक ने संस्कृत में, विद्यापति और चण्डीदास ने क्रमशः मैथिली और बंगला में राधा-कृष्ण की लीलाओं का गान किया था। अन्नमाचार्य (1408-1503) ने भी तेलुगु में ही नहीं संस्कृत में भी राधा -कृष्ण की श्रृंगार लीलाओं का चित्रण किया था। अन्नमाचार्य भी रूपगोस्वामी के पूर्ववर्ती रचनाकार थे। इन सब की भक्ति रसपूर्ण रचनाओं ने रूप गोस्वामी को प्रभावित किया होगा।

"इस ग्रंथ में उज्ज्वल या मधुर रस को जिसे ग्रंथकार भक्ति-रस भी कहते हैं 'मधुराख्यों भक्ति रसः'मनुष्य का परम प्राप्तव्य बताया गया था। मधुर रस के आलंबन श्रीकृष्ण ही हो सकते हैं, दूसरा नहीं। गौडीय वैष्णवों के मत में पाँच रस होते हैं-शांत, हास्य या प्रीत, सख्य या प्रेम, वात्सल्य और माधुर्य। इसी माधुर्य को उज्ज्वल रस कहते हैं। इसे ग्रंथकार ने 'भक्ति रस-राट्' या भक्ति को 'रसों का राजा' बताया है।'[5]

रूप गोस्वामी से पहले दक्षिण में आलवार भक्तों में आण्डाल, लीलाशुक एवं अन्नमाचार्य ने अपने आराध्य के श्रृंगार रस चित्रण भक्ति में भाव विभोर होकर लिखा और गायन किया था।

**दक्षिण में विष्णु भक्ति :** भक्ति तत्व का निरूपण पुराणों में विस्तार से प्रतिपादित है। हिंदू धर्म में वेदों के समकक्ष पुराणों का महत्व माना गया है। पुराणकर्ताओं ने इन पुराणों को स्त्री-शूद्र के लिए सुलभ कर समाज में सामंजस्य लाने का सफल प्रयत्न किया था।

श्री करुणापति त्रिपाठी जी के अनुसार-"पुराणकर्ता आचार्यों ने आर्य और समस्त आर्येतर मान्यताओं और धार्मिक चर्याओं को एक में मिलाकर उनके विरोध को दूर करने का चिरस्मरणीय और महान प्रयत्न किया। इसमें हजारों वर्षों तक निस्वार्थ भाव से लगे रहे। अश्रांत साधक के समान अपना कार्य करते रहे। इसी कारण पुराणों में वैदिक, ब्राह्मण-आरण्यकों, उपनिषदों

और कल्प सूत्रों की दृष्टियों और सिद्धांतों को जहाँ एक ओर प्रबद्ध किया गया है, अरण्यकों, विशेष रूप से उपनिषदों के ज्ञानात्मक चिंतन-मनन पक्ष को आत्मांतर्गत किया गया है, दूसरी
ओर भक्ति और पूजा के भी विविध मार्गों की समायोजना दिखायी देती हैं।"[6]

भक्ति मार्ग के प्रचार-प्रसार में भागवत पुराण की महत्वपूर्ण भूमिका रही। इस ग्रंथ का सृजन भक्ति प्रधान भागवत-धर्म का निरूपण करने के लिए किया गया था। भागवत में भक्ति को भगवान के प्रति 'अहैतुक प्रेम' कहा गया। इसी भक्ति को सालोक्य, सामीप्य, सारूप्य, सायुज्य आदि मुक्ति का हेतु बताया गया है। श्रीमद्भागवत के अनुसार भक्त ही श्रेष्ठ है। भक्ति सभी वर्णों एवं आश्रमों के लिए विहित है। भगवान के अनुग्रह से ही भक्ति मिलती है और उसी के अनुग्रह से वह पुष्ट होती है।

भक्ति साधना के नौ विधान प्रसिद्ध हैं-

श्रवणं कीर्तनं विष्णोः स्मरणं पाद सेवनम्
अर्चनं वंदनं दास्यं सख्य मात्मनिवेदनम्।। (श्रीमद भागवत्)

श्रीमद् भागवत के अनुसार वासुदेव कृष्ण ही परम पुरुष परमात्मा ब्रह्म है। बाकी अवतारों में भगवान के अंश हैं, किंतु कृष्ण तो साक्षात् भगवान हैं। विष्णु पुराण में कहा गया है कि कृष्ण नाम संकीर्तन अथवा स्मरण मात्र से सभी पाप कर्मों का प्रायश्चित्त हो जाता है। परम भक्ति संपन्न व्यक्ति को "परम भागवत' भी कहा जाता था। तेलुगु समाज में यह शब्द इस अर्थ में प्रयुक्त होता है।

विद्वानों के अनुसार 'भक्ति' शब्द का प्रयोग सर्वप्रथम "श्वेताश्तर उपनिषद" एवं पाणिनि के व्याकरण में 'शब्द रूप' में मिलता है। पाणिनि के समय से (ई.पू.600-500) पहले ही देश के पश्चिमोत्तर भागों में वासुदेव भक्ति का प्रचार शुरू हो गया। ठीक उसी समय के तमिल संघकालीन रचनाओं से भी यही पता चलता है कि तब तक मेयान (नील मेघ श्याम) तिरुमाल (विष्णु) की भक्ति, उनके कई मंदिरों के निर्माण और उनके शयन, आसीन, उत्थान आदि विभिन्न शैलियों में बनी मूर्तियों की अर्चा-आराधना आदि का प्रचार

हो गया था। उस साहित्य में तिरुमाल की लीलाओं के वर्णनों में से उनके परमात्मा स्वरूप, क्षीर सागर वास, शेषशयिता, राक्षस दलन, बलराम साहचर्य लक्ष्मी और नप्पिनै (नीला अथवा राधा-वरण,) आयर (आभीर) लोगों से बाल एवं प्रेमदेव के रूप में पूजित व अर्चित होने का, उत्सवों में 'कुरवै' जैसे नृत्यों के आयोजित होने जैसी कितनी बातों का उल्लेख पाया जाता है। ये प्रसंग ईसा. पू. पांचवीं सदी से लेकर ईसवीं दूसरी सदी तक के समय में निर्मित तमिल ग्रंथम् और द्वितीय संघ कालीन साहित्य में हैं। बाद में आलवारों की भक्ति पर इस साहित्य का प्रचुर मात्रा में प्रभाव पलिक्षित होता है।'[7]

**बिल्वमंगल/लीलाशुक :** बिल्वमंगल/लीलाशुक दक्षिण के प्रसिद्ध वैष्णव भक्त कवि हैं जिन्होंने भारत की अनेक भाषाओं के वैष्णव भक्तों को प्रभावित किया। इन्होंने 'श्री कृष्ण कर्णामृत' काव्य की रचना की थी। जैसे शीर्षक से ही स्पष्ट हो जाता है कि इनकी रचना कितनी श्रुति मधुर है। कहा जाता है कि वे यौवन में लौकिक प्रेम में वेश्या चिंतामणि के प्रति अनुरक्त थे। उसी वेश्या की प्रेरणा से भक्ति मार्ग का पथिक बनकर समस्त भक्तों को अपनी माधुर्य भरी रचना से भक्ति सागर में सराबोर किया। उन्होंने स्वयं भक्त चिंतामणि श्यामसुंदर गोपाल कृष्ण की भक्ति में आकण्ठ डूब कर आराधना की थी। 'श्रीकृष्ण कर्णामृत' में उन्होंने कृष्ण की बाल एवं किशोर रूप और लीलाओं का, गोपियों के साथ रासलीला, राधाकृष्ण की श्रृंगार लीलाओं का तीन सौ से ज्यादा श्लोकों में मनोरम चित्रण किया था। इसमें 'रासाष्टक' अत्यंत मधुर एवं लोकप्रिय प्रसंग हैं। इस 'रासाष्टक' का आंध्र प्रांत,एवं गुजरात में विशेष प्रचार प्रसार हुआ था। अनेक आलोचकों के अनुसार इनका संबंध आंध्र प्रांत के कृष्णा नदी तीर परिसर, अमरावती, श्रीकाकुलम आदि प्रांतों से बताया गया है। कुछ लोगों के अनुसार केरल प्रांत के भी माने जाते हैं। उस समय राजाओं के शासन काल में तेलुगु, कन्नड, मलयालम, तमिल आदि कुछ भाषा-भाषियों के प्रान्त समय-समय पर संबंद्ध हो जाते थे। जैसे श्रीकृष्ण देवराय के विजयनगर साम्राज्य का शासन दक्षिण के विस्तृत भूखंड पर देखा जा

सकता है। उस समय विद्वान एवं साहित्यकार संस्कृत के साथ दक्षिण की भाषाओं में एकाधिक का विशेष ज्ञान रखते थे। अनेकों ने संस्कृत, तेलुगु, कन्नड आदि भाषाओं में समान अधिकार से साहित्य की रचना की थी। आंध्र प्रांत में 'श्रीकृष्ण कर्णामृत' के श्लोक, यहाँ के नृत्य-नाट्य मंडलियों द्वारा निरंतर अभिनीत होते थे। अविच्छिन्न गति से आज भी भरतनाट्यम एवं कूचिपूडी शैलियों में नृत्य किया जाता है। कर्णाटक संगीत में इन श्लोकों का गायन
होता है।

आश्चर्य होता है, शैव धर्म के प्रभव के उन दिनों 13 वीं शताब्दी में, स्वयं शैव-धर्म में दीक्षित परिवार में जन्म लेकर कृष्ण भक्त होकर, 'श्रीकृष्ण के कर्णामृत' की रचना लीलाशुक ने की थी। इन श्लोकों को स्वयं गायन करते हुए भक्ति भाव में परवशता प्रचार-प्रसार करने के कारण ही, इनको श्रीमद्भागवत के महाभक्त 'शुकदेव' के समान 'लीलाशुक' के नाम से प्रसिद्धि मिली।

हजारी प्रसाद द्विवेदी जी ने भी माना था-''दक्षिण भारत से आयी हुई भक्ति धारा साधारण जनता के लिए बहुत दूर की नहीं जान पड़ी। इस साधना का केंद्र बिंदु था-प्रेम। राम और कृष्ण का आश्रय लेकर इस भक्ति की साधना ने इस युग को एक नया प्रकाश दिया। (हजारी प्रसाद द्विवेदी उस युग की साधना और तत्कालीन समाज सूरदास-सं.हरबंसलाल शर्मा-)। आलोच्य भक्त कवि अन्नमाचार्य ने अपने आराध्य वेंकटेश्वर में और राम एवं कृष्ण अवतारों का अभेद माना और दोनों के प्रति भक्तिमय पद रचना की थी। वल्लभाचार्य के 'मधुराष्टक' पर लीलाशुक के 'रासाष्टक' का प्रभाव स्पष्ट परिलक्षित होता है। ''निम्बार्क, विष्णुस्वामी और लीलाशुक के प्रभाव से आंध्र प्रांत में ई.13 वीं-14 वीं सदियों में राधाकृष्ण, गोपी कृष्ण एवं बालकृष्ण की भक्ति को विशेष प्रचार मिला था। ''अन्नमाचार्य के बालकृष्ण, गोपीकृष्ण एवं राधाकृष्ण की लीलाओं के वर्णन उपलब्ध होते हैं। वल्लभाचार्य और

सूरदास दोनों की रचना में कृष्ण कर्णामृत के अनेक श्लोक अनूदित होकर मिलते हैं।"8

यह निर्विवाद है कि भक्ति की सरस धारा दक्षिण उद्गम स्रोत रहा। आलवारों की भक्ति रस पगे पासुरों के साथ, परवर्ती कृष्ण भक्ति साहित्य पर लीलाशुक/बिल्वमंगल के "श्रीकृष्ण कर्णामृत" का भी अधिक प्रभाव लक्षित होता है। दक्षिण से इसे उत्तर ले जाने का श्रेय वल्लभाचार्य को जाता है। कहा जाता है चैतन्य महाप्रभु अपनी भारत यात्रा के दौरान श्रीकृष्ण कर्णामृत के कुछ अंशों की प्रतिलिपि अपने साथ ले गये। दक्षिण की यह कृष्ण भक्ति धारा ने पश्चिम, उत्तर एवं पूर्वी भारत को प्रभावित किया। क्योंकि इसमें प्रेममय श्रीकृष्ण की भक्ति का प्रतिपादन किया गया था।

**आलवार भक्ति :** दक्षिण के तमिलभाषी प्रांत के विख्यात 12 वैष्णव भक्तों को आलवार कहते हैं। 'आलवार' का शाब्दिक अर्थ है-"भक्ति रस सागर गोते खाने वाले।" भक्ति भाव में मग्न होकर सरस जो गीत गाये थे, उन गीतों को बाद में संग्रह किया गया। इस गीत संग्रह को द्रविड प्रबंधम्, नालायिर प्रबंधम, तमिल वेद, द्रविड वेद आदि नामों से जाना जाता है। यह तमिल साहित्य भंडार के अनमोल रत्नों में विशेष स्थान रखता है। लोकप्रियता के कारण यह ग्रंथ आज वेद और उपनिषदों की तरह समादृत है। वैष्णव धर्म, विशेष कर वैष्णव संप्रदाय के विशिष्टाद्वैत का यही सर्वाधिक प्रामाणिक ग्रंथ माना जाता है। आलवार भिन्न भिन्न जाति एवं वर्ण के थे। उनमें पुरुष, स्त्री, राजा और रंक, ब्राह्मण-शूद्र अनेक तरह के लोग हुए थे। वे सबके सब परम भक्त एवं समादृत थे। उनके वचनों के अनेक उद्धरण देकर (आचार्यों ने) विशिष्टाद्वैतवादियों ने अपने मत की पुष्टि की थी। आलवार भक्तों की संख्या 12 मानी जाती है। अनेक विद्वानों के मतानुसार इनका समय ईसवी 6 - 9 के बीच माना गया। दक्षिण के भक्त कवियों पर इनका प्रभाव स्पष्ट परिलक्षित होता है। भक्ति आंदोलन की प्रमुख विशेषता जाति, वर्ण के भेदभाव का विरोध करनेवाले रामानुजाचार्य के साथ आलवार भक्तों को देखा जा सकता है।

आलवारों के बारे में प्रसिद्ध संस्कृत का एक श्लोक है-

''भूतं सरश्च महदाह्य भट्टनाथ
श्री भक्ति सार कुलशेखर योगि वाहान्।
भक्तांघ्रि रेणु परकाल यतींद्रमिश्रान्
श्रीमत् परांकुश मुनिं प्रणतोस्मि नित्यम्।।''

उपरिलिखित श्लोक के अनुसार आलवार भक्त ये हैं-भूत योगी, सरोयोगी, महायोगी, भट्टनाथ, भक्तिसार, कुलशेखर मुनिवाहन, भक्तांघ्रिरेणु, परकाल योगी, श्रीमद्रामानुज, शठगोपमुनि और श्री (आण्डाल) हैं। इनको तमिल भाषा में आलवार (परम भक्त) कहते हैं। यह भी माना जाता है कि ये सभी कारण-जन्म एवं दिव्यांश संभूत हैं।

''पोयगै आलवार-पांच जन्य
पूदत्तालवार-गदा
पेयालवार-खड्ग
पेरियालवार (गुरुत्मान) गरुड़
तिरुमलिशै आलवार-सुदर्शन चक्र
कुलशेखरालवार-कौस्तुभरत्न
तिरुप्पाणालवार-श्रीवत्स
तोंदरिप्पोडि आलवार-वैजयंती माला
श्रीमद् रामानुज-शेषनाग
मनम्मालवार-विष्वकसेन
मधुर कवि-आण्डाल-भूदेवी का अवतार''[9]

इनके द्वारा वैष्णवधर्म का प्रचार प्रसार हुआ। इसका कारण है-भक्ति साधना में उदार भावना-

सर्वसमानश्चत्वारो गोत्र प्रवर वर्जिताः।
उत्कर्षो नापकर्षश्च जातितस्तेषु सम्मतः।।
फलेषु निष्पृहाः सर्वे द्वादशाक्षर चिंतकाः।
मोक्षैक निश्चयाश्चैव सूतकाशौच वर्जिताः।।''[10]

आलवारों का धर्म भागवत धर्म है। विष्णु उनके परम आराध्य देव हैं।

उपर्युक्त श्लोक का तात्पर्य है-आलवारों की दृष्टि में सभी वर्ण समान हैं। वे जाति, वर्ण, कुल, गोत्र, प्रवर आदि को नहीं मानते। ऊँच-नीच का भेदभाव नहीं होता था। वे निष्काम होकर कर्म में प्रवृत्त होते हैं। उन्हें फल की आशा नहीं रहती। 'ओम नमो भगवते वासुदेवाय'- यह द्वादशाक्षर मंत्र निरंतर जप करते हैं। उनकी एक ही इच्छा है-मोक्ष प्राप्ति। वे सूतक और अशौच आदि बातों पर विश्वास नहीं रखते हैं।

आलवारों में स्त्री भक्त आंडाल का विशेष स्थान हैं विष्णु मंदिर में पूजा अर्चना के साथ भक्ति परवशता में 'आत्मनिवेदन' पाशुर में गाया था। आण्डाल ने साक्षात् विष्णु को ही अपना पति माना। इसलिए तमिल भक्ति संप्रदाय में "तिरुप्पावै" के पाशुरों को गाकर संक्रांति के दिनों में आण्डाल और विष्णु का विवाह उत्सव मनाया जाता है।

आलवारों के इन उदार विचारों के कारण परवर्ती भक्ति साहित्य इनसे अत्यंत प्रभावित हुआ था। हमारा विचार है-वल्लभाचार्य के भागवत प्रसंगों में इनकी चर्चा हुई होगी और सूरदास आदि उनके शिष्यों ने इनसे प्रभावित होकर वैष्णव धर्म की इस नयी विचारधारा के अनुरूप अपने चिंतन की उदारता को अपने पदों में (काव्य में) प्रतिफलित किया था।

अन्नमाचार्य की भक्ति भावना पर आलवारों के भक्ति तत्व का प्रभाव स्पष्ट परिलक्षित होता है

**मंदिरों का महत्व :** भक्ति तत्व के साथ मंदिर या देवालय का अभेद संबंध है। पुराणों में परम-पुरुष की साकार कल्पना मिलती है। इस मूर्ति या प्रतिमा के लिए एक स्थान की आवश्यकता होती है। उस स्थान को देवालय या मंदिर कहा गया। जहाँ भक्त अपने भगवान अनेक प्रकार की चर्याओं से पूजा करता है। "वैदिक और तांत्रिक परंपरा का मुख्य भेद अमूर्त और समूर्त अर्चा से आरंभ होता है। वैदिक कर्म में षोडस कर्म बताये जाते हैं, लेकिन प्रतिमा की प्रतिष्ठा और अर्चा की बात नहीं मिलती।"[11]

आगमों के अनुसार अर्चा के भेद हैं -

''अमूर्तेति समूर्तेति द्विविधा सार्चना मता।

अमूर्ता न्याहुतिः प्रोक्ता समूर्ता प्रतिमार्चना।''

कालांतर में देवालय में आलय अर्चा कहकर इसे प्रमुख स्थान दिया जाने लगा। अतः आलयाचार्य को श्रेष्ठ माना गया। इसी विचार से प्रेरित होकर देवपूजकों ने देवालय को विश्व के अधिपति भगवान का निवास स्थान माना। उसमें ईश्वर की पूजा सांसारिक सम्राटों के ढंग पर प्रारंभ की गई थी।[12]

अग्नि पुराणकार ने कहा भी-

''एवमेव हरिः साक्षात् प्रासादत्वेन संस्थितः।''

श्रीकृष्ण के वंश का संबंध विदर्भ, मैसूर एवं द्रविड देश से भी माना जाता है। ''ऐतरेय ब्राह्मण" और "शतपथ ब्राह्मण" के अनुसार उत्तर की एक जाति है-सात्वत्। विष्णु पुराण में उनको सत्वत् जाति में उत्पन्न एवं वृष्णि वंश से संबद्ध बताया गया है। श्रीकृष्ण का सात्वतों से संबंध प्रसिद्ध है। कृष्ण के समय में वे लोग द्वारका चले गये और बाद में विदर्भ, मैसूर और द्रविड देश में चले गये। दक्षिण में 'पांच रात्र' (पूजा विधान) का प्रचार इन्हीं सात्वतों के प्रयत्न से हुआ। डॉ. संगमेशम ने लिखा-इतना अवश्य कहा जा सकता है कि ईसवीं सदी के प्रारंभ काल तक दक्षिण में विष्णु के वराह, नृसिंह, वामन आदि अवतारों की लीलाओं की कथाएँ और बालकृष्ण, गोपी कृष्ण तथा राधा कृष्ण की कथाएँ खूब प्रचलित हो गयीं। तिरुवनंतपुरम, मथुरा, कांचीपुरम, कावेरी पट्टणम जैसे नगरों में विष्णु देव के मंदिर बन चुके थे। चेर राजा इन मंदिरों का बड़े आदर से पोषण करते थे। इसी प्रकार संघोत्तर कालीन (ईसवीं 2-5 शताब्दी) शिलप्पाधिकारम्, मणिमैखलै जैसे काव्यों में 'तिरुवेंगडम्' (तिरुमल-तिरपति) कावेरी, पोन्नमट्टण, मधुरा जैसे नगरों में बने विष्णु मंदिरों का वर्णन मिलता हैं संकर्षण-वासुदेवतत्व व रामावतार की कथा से सभी लोग खूब परिचित थे।

**आंध्र में विष्णु भक्ति :** शात वाहन राजाओं के शासन काल से आंध्र प्रांत में संकर्षण, वासुदेव तत्व का परिचय था। हाल की 'गाथा सप्तशती' में कृष्ण और गोपियों के साथ राधा का उल्लेख मिलता है। ''पूर्व चालुक्य वंशी राजाओं

के काल में आंध्र प्रांत में वैष्णव धर्म को अधिक प्रश्रय मिला। संस्थापक राजा विष्णुवर्धन थे। इसको 'कारण विष्णु', 'ऐदंयुगीन विष्णु' जैसे उपनामों से बुलाया गया था। इस वंश के शासन काल में ही दक्षिण के तमिल प्रांत के आलवार लोग हुए। तिरुमंगै आलवार पल्लव राजा नरसिंह वर्मा-प्रथम (625-45ई.) और शैवनायनमार तिरुज्ञान संबंदार को समकालीन बताया जाता है। मामल्लपुरम (महाबलिपुरम्) कांचीनगर आदि स्थलों में पल्लव राजाओं के समय में निर्मित कई विष्णु मंदिर मिलते हैं। इन में वराह, नृसिंह, वामन (त्रिविक्रम) जैसे अवतारों की प्रतिष्ठा हुई है। आलवार के 'दिव्य प्रबंधम्' या नालायिरम् में दक्षिण देश के 108 वैष्णव क्षेत्र वर्णित हैं।"[13]

ध्यातव्य है कि तत्कालीन राजाओं के शासन में दक्षिण में कहीं तेलुगु भाषी प्रांत और तमिल भाषी, मलयालम भाषी, कहीं कन्नड का भी प्रांत मिला हुआ रहता था। श्रीकृष्णदेव राय के शासन में दक्षिण के तेलुगु प्रांत-कन्नड प्रांत उनके साम्राज्य में थे।

## दक्षिण भारत का साहित्य

**युगीन परिस्थितियाँ :** दक्षिण भारत के भक्ति साहित्य के इतिहास पर विचार करें तो छठी से ग्यारहवीं शताब्दी के बीच नायनमारों ने शैव भक्ति साहित्य एवं आलवारों ने वैष्णव भक्ति के गीत गाये थे। जन समुदाय में भक्ति की भावना के प्रचार-प्रसार में इनका बड़ा योगदान रहा। भारतीय भक्ति आंदोलन के मेघ साहित्यकाकाश में बारहवीं-तेरहवीं व सोलहवीं, सत्रहवीं शताब्दी तक ये बादल गहरा गये थे। और भक्ति की वर्षा से समस्त भारत को आप्लावित किया। रामानुजाचार्य के विशिष्टाद्वैत दर्शन से प्रभावित आलवारों एवं स्वयं रामाजुन ने भक्ति के लिए स्त्री पुरुष, वर्ण एवं वर्गहीन भक्ति का प्रचार किया। आलवारों का आराध्य विष्णु होने के कारण छठीं शताब्दी से ही वैष्णव भक्ति का प्रचार होने लगा था। दक्षिण में बौद्ध धर्म से ज्यादा जैन धर्म का प्रचार था। वैदिक धर्म का तो उस काल में बौद्ध ,जैन और लोकायत मतों से ही प्रबल विरोध था। ईस्वीं सातवीं सदी में कुमारिल भट्ट ने नास्तिक बतलाने वाले

मीमांसा दर्शन को आस्तिक बनाने का प्रयत्न किया। उन्होंने अपने वार्तिक के आंरभ में यों लिख कर यह बात स्पष्ट की कि-"प्रायेणैवहि मीमांसा लोके लोकियिती कृता। तमास्तिक पथे कर्तुमयं यत्नः कृतो मया।". .[14]

उत्तर में तब बौद्ध धर्म का प्रचार था तो दक्षिण शैवधर्म का अधिक प्रचार हो रहा था। "कुमारिल ने अपने वार्तिक के प्रारंभ में, शिव की स्तुति की शंकराचार्य (788-820) की 'श्रीशैल' में कुमारिल भट्ट से भेंट हुई। शंकराचार्य ने मंडन मिश्र से मीमांसा पर जीत पाकर अपने अद्वैत सिद्धांत की महत्ता प्रतिष्ठित की। आचार्य शंकर ने उस समय के सभी अवैदिक धर्मों एवं नास्तिक दर्शनों को शास्त्रवाद में जीतकर अद्वैत वेदांत की उत्कृष्टता प्रमाणित करके, उसके प्रचार के लिए देशभर में घूमकर, देश के चारों ओर-पुरी, श्रृंगेरी, द्वारका और बदरीनाथ के मठ स्थापित किये। उनके प्रयत्न से कितने ही अवैदिक और नास्तिक संप्रदायों का प्रभाव घट गया। "दक्षिण में उन दिनों शैव 'नायनमारों' तथा वैष्णव आलवरों के भक्ति मत प्रचार में थे। शंकर ने इनके जंगम और पांचरात्र को भी वेद से बाहस ठहराया था। वैसे तो ये लोग भक्ति में वर्ण भेद जैसी बातों को नहीं मानते थे, लेकिन जैनों से इन दोनों संप्रदायों का विरोध था, क्योंकि वह नास्तिक धर्म है। शिव पारम्य और विष्णु पारम्य को लेकर ये एक दूसरे से लड़ पड़ते थे।"[15]

**वल्लभाचार्य** : वल्लभाचार्य की भक्ति पद्धति निंबार्क, विष्णुस्वामी एवं लीलाशुक से अधिक प्रभावित थी। सगुण भक्ति विशेषकर कृष्ण भक्ति का प्रचार-प्रसार करने का श्रेय इन्हीं को जाता है। वल्लभाचार्य का जन्म तेलुगु वेलनाटि ब्राह्मण परिवार में हुआ था। अधिकांश आलोचकों के अनुसार इनका जीवन काल 1478-1530 माना जाता है। भारद्वाज गोत्र का वल्लभाचार्य का परिवार आंध्र प्रांत में रहता था। इनके मातुल (मामा) विजयनगर में रहते थे। बालक वल्लभ के पिता लक्ष्मण भट्ट काशीयात्रा पर गये थे और कुछ समय तक वहीं निवास किया था। कहा जाता है कि मुसलमानों के आतंक से डरकर वे परिवार सहित अपना प्रांत लौट रहे थे और रास्ते में मध्य भारत में उनकी पत्नी ने पुत्र (वल्लभाचार्य) को जन्म दिया। कुछ समय पश्चात् लक्ष्मण भट्ट

परिवार के साथ काशी वापस लौट गये थे। फिर वहीं उनका देहांत हो गया था। बालक वल्लभ अपनी माँ के साथ मामा के घर चले आये। वेद शास्त्र आदि अध्ययन कर युवा वल्लभ बहुत प्रसिद्ध हो गये थे। माता को मामा के पास छोड़कर संपूर्ण भारत की यात्रा पर निकल गये। "माता के मातुल के घर छोड़कर वे सन् 1489 में भूप्रदक्षिण यात्रा में निकले। उनकी ऐसी तीन प्रदक्षिण यात्राएँ गुजरी। अंतिम यात्रा के समय विजयनगर राजदरबार में उनका पंडितों से शास्त्रवाद हुआ और उसमें उनको जो जीत मिली उसके फलस्वरूप राजा के हाथ 'कनकाभिषेक' का सम्मान मिला। उस समय विजयनगर राजगद्दी पर कृष्ण देवराय के बड़े भाई वीरनरसिंह राय का शासन चल रहा था। हाल ही में गुजरात के सावली नामक गाँव के एक कुएँ की खुदाई में प्राप्त प्राचीन ताम्र पत्रोल्लेख से इसकी पुष्टि में यों मिलता है-"विद्यापट्टण, श्री नरसिंह वर्मा सार्वभौम स्वस्ति, श्री साम्राज्य मीन मासे लोकगुरु आचार्य प्रभु वल्लभ हेमाभिषेकम्। आवृत्ति-पूर्ण कार्तिक शुक्ल, अब्द 1565।"[16]

"राजदरबार में दार्शनिकों के साथ शास्त्रार्थ में जो विजय मिली उससे सभाध्यक्ष व्यासराय अत्यंत प्रभावित हुए और उनसे अनुरोध किया कि वे मध्व संप्रदाय की गद्दी स्वीकार करें। कहा जाता है कि उसी रात वल्लभ को लीलाशुक का स्वप्न साक्षात्कार हुआ और उनसे यह सलाह मिली कि वे विष्णु संप्रदाय के रिक्त गद्दी को प्राप्त करें। इसके द्वारा संप्रदाय का पुनरुद्धार करें।" वल्लभ ने लीलाशुक की स्वप्न वाणी को माना। विष्णु स्वामी संप्रदाय को पुनरुद्धार करनेवाले आचार्य हुए।

विजयनगर से लौटकर वल्लभाचार्य प्रयाग में यमुना के उस पार अडैल नामक गाँव में रहने लगे। हिंदी प्रदेश में कृष्ण भक्त साहित्य के प्रणयन का पूरा श्रेय वल्लभाचार्य को जाता है। उन्होंने अपने शुद्धाद्वैत दर्शन के पुष्टिमार्ग में सूरदास, कुंभनदास आदि भक्तों को दीक्षित किया। मेरे विचार में भागवत प्रवचनों में श्रीमद्भागवत प्रसंगों के साथ आलवारों, लीलाशुक आदि के भक्ति साहित्य के बालकृष्ण, गोपी कृष्ण, राधाकृष्ण की लीलाओं से अवगत कराया होगा। इसलिए वल्लभाचार्य के शिष्य सूरदास आदि में लीलाशुक के श्लोकों

का अनुसृजन एवं प्रभाव देखा जा सकता है। हमारा अनुमान है कि श्री अन्नमाचार्य के पदों से भी सूरदास आदि भक्तों को अवगत कराया होगा। अन्नमाचार्य वल्लभाचार्य से बड़े हैं। अन्नमाचार्य के वात्सल्य और श्रृंगार के पद माधुरी से तेलुगु भाषी वल्लभाचार्य परिचित थे। क्योंकि इनके समय तक अन्नमाचार्य पदों का जन बाहुल्य में प्रचार-प्रसार हो गया था। अन्नमाचार्य ने स्वयं विशिष्टाद्वैत सिद्धांत पर आधाति भक्ति साधना में श्री वेंकटेश्वर को स्वामी मानकर परम भक्त होकर पद गायन के साथ भक्ति सागर में अवगाहन किया था।

**तिरुपति से संबंध :** वल्लभाचार्य ने तीन बार समूचे भारत की यात्राएँ की। आचार्य वल्लभ अपनी यात्राओं में कहीं-कहीं भागवत का पारायण करते थे। ऐसे स्थानों में बैठकें बनवा दी जाती थीं। देश भर में 84 ऐसी बैठकें विद्यमान हैं। तिरुमल तिरुपति जब वे पहली बार गये थे, स्वामि पुष्करिणी के किनारे श्री वराह स्वामी के मंदिर के पास इनकी बैठक हुई। दूसरी और तीसरी यात्राओं में भी उन्होंने उसी जगह बैठकें लगायी। आज भी वल्लभ मत के अनुयायी लोग तिरुमल तिरुपति की यात्रा जाने पर उक्त स्थान का दर्शन अवश्य करते हैं।[17] कहा जाता है कि तिरुपति की पहली यात्रा उन्होंने अन्नमाचार्य को कीर्तन करते हुए देखा और दूसरी-तीसरी यात्राओं के समय उनकी सन्तति को स्वामी की सेवा में गायन करते हुए पाया। वल्लभाचार्य ने अणु भाष्य, सुबोधिनी टीका (भागवत) आदि अनेक ग्रंथों की रचना की। बाद में उनके कुछ तेलुगु भक्ति गीत भी प्राप्त हुए। ब्रज भाषा के विकास में आपका योगदान सर्वविदित है। राजपूताना, कठियवाड, गुजरात के अनेक प्रदेशों में वल्लभ मत का अधिक प्रचार हुआ। इन प्रदेशों में अब तक गद्दियाँ चलती हैं और अनेक अनुयायी हैं। व्रज प्रांत में वल्लभाचार्य की सेवाओं के बारे में यह विदित है कि सूर को लीलागान के लिए उन्होंने ही प्रेरित किया था। सूर से कहा था-"सूर होकै काहे घिघियात। कछु भगवत् लीला वर्णन करि।"

**भक्ति संप्रदायों का प्रचार :** दक्षिण में शंकराचार्य के बाद अनेक दार्शनिक संप्रदाय प्रचलित हुए। सर्वप्रथम रामानुजाचार्य ने विशिष्टाद्वैत संप्रदाय के द्वारा शंकराचार्य के मायावाद एवं निर्गुण ब्रह्म का खंडन करते हुए सगुण ब्रह्म और पांचरात्र उपासना पद्धति का प्रचार किया। "दक्षिण में आलवार भक्तों के 'तमिल प्रबंधम' के गीतों को अब वेद मंत्रों के साथ वैष्णवालयों में अर्चा-आराधना के विभिन्न अवसरों पर विनियोग बताया गया। शैव नायनमार भक्तों के गीतों का भी इसी तरह शिवालयों में उपयोग होने लगा। रामानुज के बाद मध्वाचार्य ने अपने द्वैतवाद के प्रचार में हरि को ही सगुण परब्रह्म सिद्ध करके भक्ति को उसकी प्राप्ति का एकमात्र साधन बताया।"18 निंबार्क ने वृंदावन जाकर राधाकृष्ण की भक्ति का संदेश दिया। विष्णु स्वामी और लीलाशुक ने गोपाल कृष्ण की लीलामाधुरी की उपासना को सर्वोपरि मानकर तन्मयता से गायन किया। तत्पश्चात् वल्लभाचार्य ने विजयनगर दरबार शास्त्रार्थ विजय के बाद 'पुष्टि मार्ग' और शुद्धाद्वैत का प्रचार किया। ध्यातव्य है कि वल्लभाचार्य अन्नमाचार्य से आयु में छोटे थे। अन्नमाचार्य श्री वेंकटेश्वर स्वामी के सगुण अवतार की भक्ति में पद रचना कर रहे थे। कहा जाता है कि वल्लभाचार्य की प्रथम भू परिक्रमा में तिरुपति में अन्नमाचार्य से भेंट हुई थी। ये सभी आचार्य अपनी मातृभाषा के साथ संस्कृत के भी प्रकांड पंडित थे। धर्म प्रचार और संगठन कार्य में दक्षता के कारण आचार्यों को बड़ी सफलता मिली। देश भर में जगह-जगह गद्दियाँ बनीं, इनकी शिष्य परंपरा ने दूर-दूर तक इन संप्रदायों का प्रचार किया। यह सर्वविदित है कि उत्तर में रामानंद आचार्य परब्रह्म के सगुण रूप का प्रतिपादन कर रामभक्ति संप्रदाय के प्रवर्तक हुए थे और वल्लभाचार्य कृष्ण भक्ति संप्रदाय के भक्तों के गुरु बन कर कृष्ण आराधना-अर्चना को मंदिरों में विधिवत् संपन्न करने की पद्धति का भी सूत्रपात किया था। वल्लभाचार्य के चार शिष्य सूरदास आदि उनके सुपुत्र विट्ठलनाथ के चार शिष्य नंददास आदि-आठ भक्त कवि-आचार्यों से दीक्षा लेकर 'अष्टछाप' के रूप में प्रसिद्ध हुए। दक्षिण में अन्नमाचार्य (1408-1503) विष्णु स्वामी और लीलाशुक द्वारा प्रतिपादित गोपालकृष्ण की लीला

माधुरी (बाल लीला, किशोर लीला, श्रृंगार लीला) की उपासना से प्रभावित थे। अन्नमाचार्य श्री वेंकटेश्वर के परम भक्त थे। साथ ही वेंकटेश्वर को कृष्ण रूप में राम के रूप में, नरसिंह आदि अन्य अवतारों में समाहित कर कलियुग में उन्हीं का एक अवतार माना। भक्ति भाव में पद गायन किया।

**अन्नमाचार्य की जीवनी और व्यक्तित्व :**

भारतीय साहित्य में चौदहवीं- शताब्दी से सत्रहवीं शताब्दी तक भक्ति काव्य धारा ने समस्त भारत को रसाप्लावित किया। इस काल खंड में अनेक भक्त कवि हुए जो आराध्य के लिए अनायास गाये गये पदों से भारतीय साहित्य को समृद्ध करने के साथ संगीत के मर्मस्पर्शी गायन से संगीत को भी समृद्ध किया। इन साहित्यकारों में जयदेव, विद्यापति, चंडीदास, कबीर, दादू, नानक, सूर, तुलसी, ज्ञानदेव आदि के साथ तेलुगु साहित्य के पद-कविता-पितामह अन्नमाचार्य भी अग्र पंक्ति के अधिकारी हैं। इनमें से अधिकांश के वे पूर्ववर्ती कवि सिद्ध होते हैं।

अन्नमाचार्य का जीवन काल 1408 से 1503 माना जाता है। ताम्र पत्रों पर 'अन्नमाचार्य चरित्रमु' आदि के बाह्य साक्ष्य और अन्नमाचार्य के पदों के अंतःसाक्ष्य के आधार पर जन्मतिथि पर मतभेद है। किंतु अधिकांश आलोचकों के अनुसार सन् 1408-1503 माना जाता है।

बचपन में इनका नाम अन्नमय्या था। साधारण जन समुदाय उनको अन्नमय्या के रूप में ही जानता था। अन्नमय्या की पाण्डित्य प्रतिभा एवं शास्त्रग्रंथ लिखने के कारण अन्नमाचार्य के रूप में प्रसिद्ध हो गये थे। नंदवरीक वंश, ऋगवेदी वैदिक ब्राह्मण, भारद्वाज गोत्र के अन्नमाचार्य का जन्म आंध्र प्रदेश के कड़पा जिले के ताल्लपाका ग्राम में हुआ। माता-लक्कमाम्बा और पिता वेदाध्यायी नारायण पुण्य दंपती के पुण्य फल के रूप में अन्नमाचार्य का जन्म हुआ। कहा जाता है कि अन्नमाचार्य को 16 साल के वय में ही श्रीवेंकटेश्वर बालाजी (तिरुपति) का साक्षात्कार हुआ था। वेंकटेश्वर स्वामी के सम्मुख खड़े होकर स्वामी की स्तुति की, जो 'वेंकटेश्वर शतक' के नाम से अत्यंत प्रसिद्ध है। बालक की प्रतभा देखकर वहाँ वैष्णव

आचार्यों को बड़ा आश्चर्य हुआ। कहा गया है कि घनविष्णु नामक वैष्णव आचार्य को भगवान से ऐसी प्रेरणा मिली कि बालक अन्नमय्या को वैष्णव धर्म की दीक्षा दें। उनसे दीक्षित होकर अन्नमाचार्य कुछ साल तिरुमल तिरुपति में ही रह गये। उन दिनों में वे रोज कम से कम एक नया पद (कीर्तन) रचकर श्री वेंकटेश्वर की मूर्ति के सामने गाया करते थे।"[19]

कुछ वर्ष के पश्चात् अन्नमाचार्य के माता पिता गुरू की अनुमति लेकर उनको अपने साथ घर लेकर गये। उनका विवाह तिरुमलम्मा/तिम्मक्का और अक्कलम्मा-दो कन्याओं के साथ किया गया। विवाह के कुछ वर्ष बाद अहोबल गाँव जाकर अहोबल मठ के संस्थापक श्री शठगोपयति के शिष्य बन गये। शठगोप यति के पास रहकर अन्नमाचार्य ने वेदांत एवं 'द्रविड वेद' का नियम पूर्वक अध्ययन किया। "तमिल भाषा में आलवार भक्तों के रचे चार हजार नालायिर पदों के संग्रह को 'द्रविड वेद' कहते हैं। दक्षिण के वैष्णवालयों में इन पदों का पठन-पाठन और वेद-मंत्रों के साथ विभिन्न अर्चा अवसरों में विनियोग हुआ करता था। अन्नमाचार्य को हजारों की संख्या में पदों की रचना करने की स्फूर्ति व प्रेरणा इसी द्रविड वेद के अभ्यास से मिली थी।"[20]

## अन्नमाचार्य का रचना-संसार :

पद-रचना जो गाया जाती है उसे "संकीर्तन" भी कहते हैं। अन्नमाचार्य ने 32 हजार पदों की रचना की थी। प्रायः इन सभी पदों को स्वयं राग-ताल-युक्त गायन करते थे। जो पद-रचनाकार स्वयं राग-रागिनियों में पद को संगीतमय बनाकर स्वयं ही गाता हो उसको तेलुगु में 'वाग्गेयकार' के रूप आदर से नाम लिया जाता है।"वाग्गेयकार" 'वाक् +गेयकार' संधि से बना शब्द है।

आध्यात्म, भक्ति, श्रृंगार, वात्सल्य आदि से संबंधित अनेक पदों की रचना अन्नमाचार्य की विशेषता है। भावयित्री एवं कारभित्री प्रतिभा से संपन्न पद रचना के साथ सामाजिक स्पृहा से भी समन्वित पद रचना की थी। उनकी भक्ति भावना में लोक चिंता भी परिलक्षित होती है।

रामानुजाचार्य के विशिष्टाद्वैत सिद्धांत के अनुरूप पद रचना की थी। जीवात्मा परमात्मा दशा भेद होते हुए भी अद्वैत के अनुसार वस्तु एक ही है। जीवात्मा और परमात्मा शाश्वत रूप से भिन्न है, अलग है-यह द्वैतवाद है। जीवात्मा और परमात्मा एक होने पर भी उनका परस्पर संबंध शरीरी और शरीर का है और विशिष्टाद्वैत के अनुसार शरीरी प्रधान है और शरीर अप्रधान। शरीर शरीरी पर आश्रित रहता है। अन्नमाचार्य ने इसी विशिष्टाद्वैत को स्वीकार किया और उसी के अनुरूप पद-रचना की थी।

**श्री वेंकटेश्वर शतकम्**

विशेषज्ञों के अनुसार अन्नमाचार्य जब पहली बार पर्वतों से होते हुए श्री वेंकटेश्वर मंदिर तिरुमल पहुँचे तो मंदिर के द्वार बंद थे। कहा जाता है कि यह शतक उस समय रचा गया था। इसमें कुछ आचार्यों का मतभेद है। यह शतक सौ श्लोकों के साथ तिरुमल-तिरुपति देवस्थानम, टी.टी.डी. द्वारा प्रकाशित है। "यह शतक उत्पलमाला, चंपकमाला आदि छंदों से भरा हुआ है। कुछ श्लोकों में पौराणिक प्रसंगों का वर्णन है। कुछ अन्नमाचार्य के मधुर भक्ति के प्रतिपादक छंद हैं। अधिक श्लोकों में अलमेल मंगा एवं श्री वेंकटेश्वर बालाजी के प्रणय का सरस वर्णन है।"[21]

**श्रृंगार मंजरी :** यह अन्नमाचार्य की छोटी रचना है। यह द्विपद शैली में लिखी गयी है और इसमें 517 पद हैं। इसका वर्ण्य श्रृंगार है। इसकी नायिका स्वकीया है, मुग्धा है। श्री वेंकटेश्वर के बारे में सुनकर श्रृंगार दशाओं में नायिका की विभिन्न अवस्थाओं- पूर्णराग, मान आदि का वर्णन है। शुक, पिक और वसंत उद्दीपन विभावों के रूप में वर्णित। अंत में प्रिय के मिलन के साथ आनंद की चरमावस्था को अनुभव करती है।

**संकीर्तन लक्षण ग्रंथ (संस्कृत) :** यह रचना अनुपलब्ध है। इसका तेलुगु अनुवाद अन्नमाचार्य के पौत्र चिन तिरुमलाचार्य ने किया था। उनके अनुसार मूल रचना (संस्कृत) के रचनाकार उनके पितामह श्री अन्नमाचार्य थे। अन्नमाचार्य का 'रामायण द्विपद काव्य' भी अनुपलब्ध है।

**अन्नमाचार्य के पद :** प्रायः कहा जाता है अन्नमाचार्य ने 32 हजार पदों की रचना की थी। इनमें से अधिकांश ताम्रपत्रों में उल्लिखित होकर सुरक्षित हैं। तिरुमल तिरुपति देवस्थानम् की एक बृहत योजना दशकों से चल रही है, अनेक हजार पद मिले हैं। जिनको गाया जाता है और नृत्य भी किया जाता है। अनेक महान संगीतकारों एवं गायकों ने इन पदों को गाया और संग्रहीत किया है। एम.एस. सुब्बलक्ष्मी से लेकर अद्यतन अनेक बाल गायकों के द्वारा भी गाये जाते हैं। भरतनाट्यम, कूचिपूडी शैलियों में नृत्य किया जाता है। अन्नमाचार्य के पद-साहित्य साधारण जन-समुदाय एवं पंडित जनों से समान रूप से समादृत हुआ।

**अन्नमाचार्य बाल्य जीवन और तिरुपति से संबंध :** अन्नमाचार्य का पांच वर्ष की अवस्था में उपनयन संस्कार किया गया और वेदाध्ययन प्रारंभ हो गया। अन्नमाचार्य बचपन से ही श्री वेंकटेश्वर के प्रति भक्ति भाव से पद रचना कर गायन करते थे। अन्य किसी काम पर उनका ध्यान नहीं रहता था। लौकिक कामों से विरक्त होकर वहाँ से तिरुपति जाने वाले यात्रियों के साथ वहाँ पहुँच गये थे। 'अन्नमाचार्य चरित्र' के अनुसार अन्नमाचार्य पहले क्षेत्रवासिनी शक्ति 'गंगम्मा' के दर्शन करने के बाद तिरुमल पर्वत चढ़ने लगे। आठ वर्ष का बालक तिरुमल पर्वत चढ़ने लगे। आठ वर्ष का बालक अन्नमाचार्य पहाड़ पर चढ़ते-चढ़ते थक गया, और एक पत्थर पर गिर पड़ा और बेहोश हो गया था। उसी बेहोशी की स्थिति में उनको देवी पद्मावती (अल्मेलमंगा) का साक्षात्कार हुआ और देवी के हाथ का प्रसाद भी मिला। होश आने पर उन्होंने आशुमार्ग से जाते हुए एक शतक की रचना की। यह शतक अलमेलमंगा की स्तुति है किंतु शलेक का अंत वेंकटेश्वर मुकुट से शोभित है। बाद में तिरुमल मंदिर पहुँच कर, तीर्थस्थानों में स्नान कर श्री वेंकटेश्वर स्वामी का दर्शन किया और एक शतक की रचना की थी जो अनुपलब्ध है।

कहा गया है कि घनविष्णु नामक वैष्णव आचार्य को भगवान से ऐसी प्रेरणा मिली कि बालक अन्नमय्या को वैष्णव संप्रदाय में दीक्षा दें। दीक्षित होकर अन्नमाचार्य कुछ वर्ष तिरुमल में ही रह गये थे। उन दिनों वे श्री

प्रो. माणिक्यांबा 'मणि'

वेंकटेश्वर के समक्ष एक नया पद प्रतिदिन रचकर गाया करते थे। कुछ समय पश्चात् अन्नमाचार्य के माता-पिता उनको ढूंढते हुए तिरुमल पहुँचे और गुरु की अनुमति लेकर अपने पुत्र को साथ लेकर गयें एक शुभ मुहूर्त में तिरुमलम्मा और अक्कलम्मा नामक दो कन्याओं के साथ विवाह किया गया। बाद में अहोबल मठ के संस्थापक शठगोप यति से वेद और तमिल आलवारों का प्रबंधम् या द्रविड प्रबंधम् का नियम पूर्वक अध्ययन किया। अनेक तीर्थ यात्राएँ की और कुछ समय अपना स्वग्राम ताल्लपाका में और कुछ समय तिरुपति में रहकर संकीर्तन करते थे। इसलिए इनको संकीर्तनाचार्य भी कहते हैं।

अन्नमाचार्य के भक्ति तत्व, दार्शनिक चेतना और पद साहित्य की विशेषताओं के बारे में अगले अध्यायों में विवेचन किया जाएगा।

***

**संदर्भ सूची :**


1. सूरदास - सं. हरबंसलाल शर्मा, उस युग की साधना और तत्कालीन समाज''- हजारी प्रसाद द्विवेदी--पृ.24-25
2. कुलशेखर आळ्वार —- मुकुन्दमाला
3. लीलाशुक्र /बिल्वमंगल - श्री कृष्णा कर्णामृत –द्वितीयाश्वास – 24
4. सूरदास –सं. हरबंसलाल शर्मा -"उस युग की साधना और तत्कालीन समाज" (लेख ) -हजारी प्रसाद द्विवेदी पृ.51
5. सूरदास –सं. हरबंसलाल शर्मा -"उस युग की साधना और तत्कालीन समाज" (लेख ) -हजारी प्रसाद द्विवेदी -पृ.48-49
6. श्री करुणापति त्रिपाठी -हिंदी सगुण काव्य की सांस्कृतिक भूमिका, प्राक्कथन-पृ.14

7. मलिक मुहम्मद - आलवार भक्तों का तमिल प्रबंधम् और हिंदी कृष्णकाव्य

8. एम.संगमेश्वर, अन्नमाचार्य और सूरदास-पृ.74

9. एम.संगमेश्वर, अन्नमाचार्य और सूरदास-पृ.74

10. डॉ. बलदेव उपाध्याय- भागवत संप्रदाय-पृ.105

11. डॉ. रामनरेश वर्मा, हिंदी सगुण साहित्य की भूमिका, प्राक्कथन-पृ.16

12. एम. संगमेश्वर-अन्नमाचार्य और सूरदास-पृ.59

13. एम. संगमेंशम्-अन्नमाचार्य और सूरदास-पृ.63

14. पोतना-आंध्र महाभागवत, पीठिका-पृ.78

15. एम. संगमेशम् अन्नमाचार्य और सूरदास-पृ.36, कुलुगुमलै शिलालेख, सौथ इंडियन इन्सिटक्रप्शन्स, सं. श्रीकर भाष्य

16. एम. संगमेशम्, अन्नमाचार्य और सूरदास-पृ.76

17. आंध्र प्रभा सासाहिक 18.05.66 श्री जगन्नाथ दास गोविंददास का लेख-पृ.2

18. एम ,संगमेशम .अन्नमाचार्य और सूरदास-पृ.37

19. एम. संगमेशम्-अन्नमाचार्य और सूरदास-पृ.5-6

20. एम. संगमेश्वरम्, अन्नमाचार्य और सूरदास-पृ.6

21. तेलुगु-वेलुगु-सं.अरिपिराल नारायण राव, लेखक-डॉ. जी.डी.नायडू, ताल्लपाक कवुल साहित्य सेवा-पृ.387

*********************************************

# द्वितीय अध्याय

## अन्नमाचार्य का पद-साहित्य : दार्शनिक चेतना

अन्नमाचार्य तिरुमल तिरुपति के श्री वेंकटेश्वर के अनन्य भक्त थे। आठ वर्ष की उम्र में ही उन्होंने तिरुमल-तिरुपति की यात्रा की और कहा जाता है कि घनविष्णु नामक वैष्णवाचर्य से विशिष्टाद्वैत संप्रदाय की दीक्षा ली। बाद में उन्होंने अहोबिल मठ में वेदांत का अध्ययन किया। "साधक के रूप में वे अपने इष्टदेव वेंकटेश्वर को परब्रह्म मानकर उनके दिव्य चरणों में अपने को सर्वात्मना समर्पण करते मिलते हैं, तो दूसरी ओर आचार्य के रूप में विशिष्टाद्वैत तत्व एवं श्रीवैष्णव भक्ति तत्व को सरल- अतिसरल शैली में उपदेशी देते हुए मिलते हैं।"[1]

अन्नमाचार्य के पद साहित्य में अन्य मत मतांतरों का शास्त्रीय ढंग से खंडन करते हुए अपने भक्ति सिद्धांत अर्थात् श्री वैष्णव संप्रदाय की भक्ति-पद्धति का प्रतिपादन किया गया। एक भक्त के रूप में स्वयं को श्री वेंकटेश का मानकर अपने परम प्रिय श्री वेंकटेश की एकांत सेवा में तल्लीन होकर अपने आचार्यत्व को भूल जाते हैं। वेदांत का अध्येता एवं परम भक्त का हृदय समन्वित इस महापुरुष ने निर्गुण- सगुण का भेद मिटाकर निर्मल- निश्चल भक्ति-तत्व का प्रतिपादन किया। इस विचारधारा में तमिल आलवारों का प्रभाव भी देखा जा सकता है। आलवार भक्तों के अनुसार विष्णु ही मूल देवता हैं। ब्रह्म, विष्णु एवं महेश्वर - त्रिदेवों में नील मेघश्याम श्री विष्णु ही प्रमुख है। अन्नमाचर्य के अनुसार भी आदि, अंत और सर्व स्वरूप देवता श्री महाविष्णु ही है-

**"मोदल जगमुलकु मूलमैनवाडु**
**तुद प्रलयमुनाडु तोचेवाडु**
**कदिलि नडुम निंडि कलिगि ऊंडेडिवाडु**
**मदनगुरुडे काक मरि वेरे कलडा ?**
**परमाणुवैन वाडु ब्रह्माण्डमैन वाडु**
**सुरुलकु नरुलकु जोडइन वाडु**
**परमइन वाडु प्रपंचमइन वाडु**
**हरि ओक्कडे काक अव्वलनु गलरा!"[2]**

पेय आलवार ने तो श्री वेंकटेश्वर को तिरुमलय पर प्रकट 'हरिहर रूप परम तत्व' के रूप में देखा-

**"तिरुंडरुवि पायुम तिरुमलै मेल एर्नेक्कु**
**इरुंडुरुवु ओन्द्राय इशैन्दु।।"**

अन्नमाचार्य के अनुसार तिरुमल तिरुपति स्थित श्री वेंकटेश्वर भक्तों के हृदय की भावना के अनुसार उनके अपने इष्टदेव के रूप में दर्शन देते हैं। श्री वेंकटेश्वर में सभी देवताओं का स्वरूप समाविष्ट है।

**"एन्तमात्रमुन नेव्वरु तलंचिन अंतमात्रमे नीवु**
**अंतरांतरमुलेंचि चूडबिंडंते निप्पटि यन्नटलु**
**कोलुतुरु श्री वैष्णवुलु कूरिमितो विष्णुडनि**
**पलुकुरु वेंदांतुलु मिमु परब्रह्मं बनुचु**
**तलुतुरु मिमु शैवुलु तगिन भक्तुलनु शिवुडनुचु**
**अलरि पोगडुदुरु कापालिकुलु आदि भैरवुडनुचु।।"[3]**

परम भक्त जिस प्रकार तुम्हें स्मरण करते हैं, साधना करते हैं, उसी प्रकार अंतरात्मा में निवास करते हों। वैष्णव तुम्हें विष्णु के रूप में प्रेम से आराधना करते हैं। वेदांत - ज्ञान जिनको है वे तुम्हें परब्रह्म कहते हैं। शैव तुम्हें शिव रूप में तुम्हारी भक्ति में मग्न होते हैं। कापालिक तुम्हें आदि-भैरव के रूप में देखते हैं और प्रशंसा करते हैं। किंतु हे वेंकटेश्वर! इस प्रकार भिन्न रूपों में दर्शन देने वाले तुम एक ही हो। सर्व स्वरूप हो।

अन्नमाचार्य ने स्पष्ट शब्दों में बताया है कि सभी प्राणियों में जीवात्मा के रूप में व्याप्त नित्यात्मा, सर्वात्मा परमात्मा ही है। आगे वे कहते हैं कि वह सर्वात्म श्री वेंकटेश्वर ही है।

**"ये मूर्ति लोकंबुलेल्ल ने लेड्डु**
**नातंडे मूर्ति सर्वात्मुडेमूर्ति परमात्म।।"**

आगे वे कहते हैं-

**"ये देवु देहमुन नन्नियु जन्मिंचे**
**नेदेवु देहमुन नन्नियुनु नणमरिगे**
**ने देवुविग्रहंबी सकल मीतनुवु**
**ये देवुनेत्रंबु लिनचंद्रुलु**
**ये देवुडी जीवुलन्निंटिलो नुंडु**
**ने देवु चैतन्य मिन्निटिकि नाधारमु**
**मे देवुडव्यक्तडे देवुडद्वंडुडु**
**डा देवुडो वेंकटाद्रि विभुडु।"[4]**

अन्नमाचार्य का कहना है कि इस लोक या परलोक में हो-तुम्हारे प्रति अनन्य भक्ति ही मेरे लिए काफी है। मैं कहीं भी जन्म लूँ, कहीं भी रहूँ तुम्हारा ध्यान मेरे मन में सदा बना रहे। वह स्वर्ग हो चाहे नरक हो तुम्हारा नाम-स्मरण मेरे लिए मिल गया हो तो काफी है। चाहे मैं मालिक बनूँ या सेवक बनूँ तुम्हारे ध्यान में ही लीन रह सकूँ - इतना मेरे लिए पर्याप्त है।

विशिष्टाद्वैत सिद्धांत के अनुसार परब्रह्म परमात्मा नित्य परिपूर्ण और सगुण है। उसके सूक्ष्म और स्थूल रूप होते हैं। सूक्ष्म रूप को कारण-शरीर और स्थूल रूप को कार्य-शरीर कहते हैं। परमात्मा का सूक्ष्म कारण - शरीर चित् और अचित् से युक्त रहता है। स्थूल कार्य रूप में वही जगत् और जीवों का रूप धारण रकता है। वही अंतर्यामी होकर उनका नियमन और संचालन करता है। इस तरह वह सृष्टि का कर्ता, धर्ता और भोक्ता है। वह सब के बाहर भी है और भीतर भी। वह एक होकर अनेक हैं। वही सबका आधार है और आश्रय भी। इस पद में भी अन्नमाचार्य इसी का प्रतिपादन करते हैं-

**"परमात्मुडु सर्व परिपूर्णुडु**
**सुरलकु नरुलकु चोटयि युन्नाडु।।**
**तनुकुलु मेच्चियु तलपुलु देलिसियु**
**येनसियु येनयक यिट्लुन्नाडु।**
**चेनकि 'मायकु मायै जीवुनिकि जीवमै**
**मोनसि पूसल दारमु वले नुन्नाडु।।**
**वेवेल विधमुलै विश्वमेल्लनोकटै।**
**पूवुल वासनवले पोंचि युन्नाडु।**
**भाविंच निराकारमै पट्टिटते साकार**
**श्रीवेंकटाद्रि मीदिरीपतै युन्नाडु।।"[5]**

परमात्मा सर्व परिपूर्ण है। वही नरों और सुरों (देवतागण) के लिए आश्रय है। वह इन सबका वहन करता है और सबका मन जानता है। लेकिन साक्षी की तरह रहते हुए भी अलग रहता है। वह माया की माया होकर, जीव का जीव होकर, मनकों की माला में धागा जैसे रहता है। अनंत प्रकार विश्व का रूप धारण कर वही एक विश्वात्मा, इन सभी रूपों में फूलों में सुगंध की तरह व्याप्त रहता है। वही निराकार परब्रह्म साकार सगुण श्रीपति इस वेंकटाचल पर वेंकटेश्वर के रूप में प्रकट हुआ है। यहाँ अन्नमाचार्य ने साधारण जन-समुदाय को समझाते हुए कहा- "हरि विश्वात्म कुडु अंदरिलो नुन्नाडु।" हरि विश्वात्मा है सब में विद्यमान है। बसा हुआ है।

विशिष्टाद्वैत में भगवान का लोकरक्षक एवं लोकरंजक दोनों रूपों के प्रति अगाध विश्वास रखा जाता है। वह अव्याज करुणामय, नित्य आनंदमय, सर्वशक्ति संपन्न एवं अनुपम सौंदर्यमूर्ति है। संस्कृत में अन्नमाचार्य के इस पद में श्री वेंकटेश्वर के निर्गुण, सगुण, शील-सौंदर्यमय रूप का गुणगान करते हैं-

**"वेदांत वेद्याय विश्वरूपाय नमो**
**आदिमध्यांतरहिताधिकाय**

**भेदाय पुनरप्यभेदाय नमो नमो**
**नाद प्रियाय मन नाथाय तस्मै।**
**परम पुरुषाय भवबंध हरणाय नमो**
**निरुपमानन्दाय नित्याय,**
**दुरित दूराय कलि दोष विघ्वस्ताय**
**हरि अच्युताय मम आत्माय तस्मै।**
**कालात्मकाय निज करुणाकराय नमो**
**श्री ललामा-कुच-श्रित गुणाय,**
**हेलांक श्रीवेंकटेशाय नमो नमो**
**पालिताखिल ममाचरणाय तस्मै।।"[6]**

विशिष्टाद्वैत के अनुसार चेतन जीव ब्रह्म का अंश है, परंतु वह अणु स्वरूप है, अस्वतंत्र है (देहोपाधि से) देह या शरीर में बद्ध है। अहंकार और मोह-माया को पाल कर वह कर्म फलों का भोक्त बनता है। इसी कारण उसे जन्म-मरण रूपी संसार के चक्र में घूमना पड़ता है। जो यह रहस्य जानकर परमात्मा को मानता है, उसका अज्ञान दूर होता है।

इसी को स्पष्ट करते हुए अन्नमाचार्य कहते हैं-

**"जीवुडणुवु ज्ञानमु चिन्तिंचगा विभुवु**
**यो विधमुनाना जीवुलिंदे नीयंदे।**
**श्री वेंकटेशुडु नीवे चेकोन्न चैतन्यमुवु**
**काविंप कर्म भक्तुले कारण फलमुलु।।"**

जीव अणु है, ज्ञान विभु है। इस तरह देखने पर वे सभी जीव ब्रह्म में हैं और उनका चेतन तत्व वही परमात्मा है। 'कर्म' उनका संसार कारण है तो मोक्ष फल प्रदायी है।

जीव और ब्रह्म की परस्पर संबंध भावना की चर्चा करते हुए उन दोनों के मूल तत्व को समझाते हुए साधारण जन भाषा या लोकभाषा में अन्नमाचार्य इस प्रकार व्यक्त करते हैं-

**"तन्दनान अहि-तन्दनान उरे**

**तन्दनान भला-तन्दनान**
**ब्रह्म मोकटे-परब्रह्म मोकटे**
**परब्रह्म मोकटे-परब्रह्म मोकटे।**
**तन्दनान अहि-तन्दनान उरे।।**
**कन्दुवगु हीनाधिकमुलिन्दु लेवु**
**अन्दरिकी श्रीहरे अंतरात्म**
**इन्दुलो जन्तुकुल मन्तानोक्कटे**
**अन्दरिके श्रीहरे अन्तरात्म।**
**तन्दनान अहि-तन्दनान उरे।।**
**निन्डार राजु निद्रियु नोकटे**
**अन्टने बंटुनिद्र अदियु नोकटे**
**मेंडैन ब्रह्मणुडु मेट्टुभूमि योकटे**
**चंडालुडुंडेडि सरि भूमियु नोकटे।**
**तन्दनान अहि-तन्दनान उरे।।**
**कडगि येनुगु मीद कायु येंडोकटे**
**पुडमि शुनकमु मीद बोलयु येंडोकटे**
**कडु पुण्युलनु पापकर्मुलनु सरि गाव**
**जडियु श्री वेंकटेश्वरुनि नाम मोकटे।।"[7]**

तेलुगु के लोक साहित्य में 'तन्दान गीत' प्रसिद्ध है। इस 'तन्दान पद' को डप्पू (डफली) वाद्य के साथ जनपदों में समूह के बीच गाया जाता है। अन्नमाचार्य ने इस पद में उस शैली को अपनाते हुए ब्रह्म तत्व को श्रीहरि के रूप में देखते हुए यह प्रतिपादित किया है कि सृष्टि में कोई ऊँच-नीच भेदभाव नहीं होता है। सभी प्राणियों में श्रीहरि के रूप में अंतरात्मा बन कर ब्रह्म ही विद्यमान है। इसके लिए उदाहरण देते हुए वे कहते हैं-राजा हो या रंक हो-दोनों की निद्रा एक ही है, चाहे राजा शयनागार में सो रहा हो और वहीं सेवक जमीन पर सो रहा हो। ब्राह्मण के निवास का प्रशस्त भूमि हो या चाण्डाल के रहने की तुच्छ जगह ही क्यों न हो, दोनों का आधार धरती एक ही होती है।

उसमें कोई भेदभाव नहीं होता। हाथी और शुनक (कुत्ता) दोनों पर धूप सामान रूप से पड़ता है। उसी प्रकार पुण्यात्मा या पाप कर्मी हो समान रूप से उद्धार करनेवाला नाम एक श्री वेंकटेश्वर नाम ही है। और श्री वेंकटेश्वर के रूप में जो ब्रह्म है, वह सब का रक्षक है। "इस प्रकार अन्नमाचार्य ने जन साधारण शब्दावली में ब्रह्म तत्व की व्याख्या की थी। निर्गुण को सगुण श्री वेंकटेशर के रूप में प्रतिपादित किया था।

अन्नमाचार्य ने अपने पद साहित्य में श्री वेंकटेश्वर के प्रति अनन्य भक्ति भाव को प्रकट किया। यह भी ध्यान देने की बात है कि उन्होंने परब्रह्म एवं राम, कृष्ण आदि अवतार पुरुषों के साथ श्री वेंकटेश्वर के अभेद को प्रतिपादित किया। उनके पदों में परब्रह्म-ईश्वर ही श्रीराम है, श्रीराम और वेंकटेश्वर एक है। इसी प्रकार श्रीकृष्ण और वेंकटेश्वर अभिन्न है। कुछ पद अवलोकनीय है-

**"रामभद्र रघुवीर रविवंश तिलक ।**
**नी नाममे कामधेनुवु नमो ! नमो !**
**कौसल्यानन्द वर्द्धन घन दशरथ सुत !**
**भासुर यज्ञ रक्षक भरताग्रज !"** [8]
**रासिकेक्कु कोदण्ड रचन विद्यागुरवे!**
**वासितो सुरनु निनु पडि मेच्चेरय्या ।**
**मारीच सुबाहु मर्दन ! ताटकान्त !**
**दारुण वीरशेखर! धर्म पालक !**
**कारुण्य रत्नाकर! काकासुर वरद !**
**सारेकु वेदमुलु जय वेट्टेरय्या !**
**सीतारमण ! राजशेखर ! भूतलपुटयोदयापुरि निलय !**
**ई तल श्रीवेंकटाद्रि निरवइन राघव !**
**प्रताप मेल्ल गड्ड निंडेनय्या ।"** [9]

हे रघुवीर! तुम्हारा नाम ही हमारे लिए कामधेनु है। हे कौसल्यानंदन ! यज्ञ रक्षक! तुम्हारी कोदंड विद्या की विशिष्टता को देवता भी अत्यन्त प्रशंसा

करते हैं। मारीच, सुबाहु एवं ताटका/ताडका का वध करनेवाले हे पराक्रमी राम ! हे धर्म रक्षक ! हे करुणानिधान ! काकासुर को वर देने वाले! समस्त वेद तुम्हारा जयकार करते हैं। सीता रमण ! राजशेखर ! इस भूतल पर अयोध्यापुरी के निवासी रहे, हे राम ! अब इस धरती पर वेंकटाद्रि पर विराजमान, तुम्हारा प्रताप चारों तरफ छा गया है।

इस प्रकार अनेक पद तेलुगु भाषा में रचित मिलते हैं। जैसे पहले कहा जा चुका है कि अन्नमाचार्य तेलुगु के लोकभाषा और परिनिष्टि भाषा (शिष्ट भाषा)- दोनों पर समान अधिकार रखते थे। इन दोनों भाषा रूपों में अनेक पदों की रचना के साथ ही संस्कृत के विद्वान होने के कारण संस्कृत भाषा में असंख्य पदों की रचना की।

**"राम मिन्दीवर श्यामं परात्पर**
**धामं सुर सार्वभौमं भजे।।**
**सीता वनिता समेतं, स्फीत वानर बल ग्रतम्**
**पूत कौसल्या संजातं, अति भीत मौनि विधेतम्।।"**
**वीर रणरंग धीरं, सार कुलोद्धारम्**
**क्रूर दानव संहारं, शूराधाराचार सुगुणोदारम्।**
**पावनं भक्त सेवनं, दैविक विहग पथावनम्।।**
**रावणानुज संजीवनं, श्रीवेंकटपरिचित भावनम्।।"**[10]

आदि अनेक पदों में श्री वेंकटेश्वर रूप में श्रीरामचंद्र का गुणगान किया है।

और एक पद द्रष्टव्य है-

**"देव देव भजे दिव्य प्रभावम्**
**रावणासुर वैरि रणपुङ्गवम् रामम् ।**
**राजवर शेखरं रवि कुल सुधाकरम्**
**आजानुबाहु नीलाभ्र कायम्।**
**राजारि कोदण्ड राजदीक्षा गुरुम्**

### प्रो. माणिक्यांबा 'मणि'

"राजीव लोचनं रामचंद्रं रामम्।। देव।।
पंकजासन विनुत परम नारायणम्
शंकर जनक चाप दलनम्
लंका विशेषणं, लालितविभीषणम्
वेंकटेशं साधु विबुध विनुतं रामम् ।।"[11]

इस पद में श्रीरामचंद्र के शौर्य के साथ सौंदर्य का चित्रण कर मनमोहक बिंब प्रस्तुत किया। यहाँ संस्कृत भाषा का माधुर्य मन को आह्लादित करता है।

इसी भाव को प्रतिपादित करते हुए साधारण जन भाषा में श्रीरामचंद्र की भक्त वत्सलता का गुणगान किया - अहल्या, विश्वामित्र, सुग्रीव, हनुमान, विभीषण, शबरी ही नहीं सीता एवं जनक के साथ भिन्न संदर्भों में उनका संबल बनकर उद्धार किया। इसका समग्र विवरण निम्न लिखित पद में है-

"रामचंद्रुडितडु रघुवीरुडु
कामित फलमु नीय गलिगेनंदरिकी।
गौतमु भार्य पालिटि कामधेनुवितडु
परग सुग्रीवुपालि परम बंधुवितडु
सारि हनुमन्तुपालि साम्राज्यमु।
निरति विभीषणुपालि निधानमु ईतडु
गरिम जनकु पालि घन पारिजातमु
तलप शबरिपालि तत्वपु रहस्यमु
अलरि गुहुनिपालि आदि मूल्यमु
कलडन्नवारिपालि कन्नु लेदुटि मूरिति
वेलय श्री वेंकटाद्रि विभुडितडु।।"[12]

जो आस्था रखते हैं उनके लिए वही परम पुरुष कलियुग में तिरुमलगिरि के श्री वेंकटेश्वर के रूप में विराजमान हैं।

अन्नमाचार्य ने श्रीकृष्ण और श्री वेंकटेश्वर को एकाकार कर दिया। अनेक पदों में कृष्ण की वात्सल्य एवं श्रृंगार लीलाओं का चित्रण किया है। वात्सल्य भावना से ओतप्रोत अनेक पद अन्नमाचार्य की अनन्य भक्ति भावना को अभिव्यक्त करते है। इस पद में भी यह कहना नहीं भूलते है कि यह साक्षात् परम पुरुष हरि ही हैं --

"भावयामि गोपाल बालं मन सेवितं
तत्पदं चिन्तयेयं सदा ।
कटि घटित मेखला, खचित मणि घंटिका
पटल निनदेन विभ्राजमानम् ।
कुटिल पद घटित संकुल शिञ्जतेन
चटुल नटना समुज्ज्वल विलासम् ।।
विरत कल कलित नवनीतं
ब्रह्मादि सुर निकर पावनाशोभित पदं
तिरु वेंकटाचल स्थितं अनुपमं हरिं
परम पुरुषं गोपाल बालम्।।"
।। भावयामि ।।[13]

इस पद को पढ़ते हुए बालकृष्ण का सुंदर रूप पाठक को मुग्ध कर देता है। 15 वीं शताब्दी के इस महान रचनाकार ने कितने ही कवियों को प्रेरणा दी थी। अनायास अनेक भाषाओं के अनेक रचनाकारों के बाल कृष्ण वर्णन स्मरण आते हैं। यहाँ ध्यातव्य है कि अन्नमाचार्य वल्लभाचार्य से भी पूर्ववर्ती है। वल्लभाचार्य ने तीन बार संपूर्ण भारत कीर्तिय यात्रा की और तीनों बार तिरुमल - तिरुपति में भी भागवत-प्रवचन दिया। उस समय अन्नमाचार्य, बाद में उन की सन्तति श्री वेंकटेश्वर के दरबार में सेवा में थे।

अन्नमाचार्य सोचते हैं कि शकरासुर वध, पूतना का वध आदि बालक कृष्ण की इतनी महिमाएँ देखकर भी उस समय के लोग कृष्ण को भगवान् नहीं समझ सके-

**"एल मोसपोयिरोको आकालपु वारु**
**बाल कृष्णुनि बंटुलै बतुक वद्दा**
**शिशुवु गोवर्धनाद्रि चेत बट्टि नेत्तेनंटे**
**कोसरि इतनि पादाले कोलुव वद्दा।"[14]**

उस समय के लोग कितने धोखे में रह गये। बालक कृष्ण के सेवक बन कर क्यों नहीं रहे। छोटा-सा बच्चा गोवर्धन पर्वत को अपनी उंगली पर उठाता है। उसे साक्षात् परमात्मा मान कर उसके चरणों की पूजा करना चाहिए था।

सूर के लिए हिंदी में प्रसिद्ध है कि श्रृंगार एवं वात्सल्य का कोना-कोना झांक आये। उनसे पूर्व ही अन्नमाचार्य ने पद-रचना के माध्यम से निर्गुण परब्रह्म को और विशिष्टाद्वैत दार्शनिक चेतना को समझते हुए कहीं शुष्कता नहीं आने दिया। श्रृंगार के साथ वात्सल्य रस को भी रस कोटि में पहुँचानेवाले आंध्र प्रांत के अन्नमाचार्य ने तेलुगु और संस्कृत में हजारों की संख्या में पद - रचना की। यह ध्यान देने योग्य है कि अन्नमाचार्य वल्लभाचार्य, चैतन्य महाप्रभु एवं सूरदास से पूर्ववर्ती कवि हैं। पद साहित्य में इनको 'पद कविता पितामह' कहा जाता है।

शांत, करुण, श्रृंगार-संयोग वियोग, वात्सल्य आदि रसों का संस्कृत, तेलुगु भाषा एवं जनपदीय बोली में मधुर कोमल कांत पदावली में रचा कर प्रथम पंक्ति के पद- रचनाकार के रूप में ही नहीं काव्यशास्त्रीय ग्रंथ के प्रणेता के रूप में भी अन्नमाचार्य भारतीय भक्ति साहित्य में अतुलनीय साहित्यकार हैं।

***

## दक्षिण का वैष्णव भक्ति साहित्य भक्त कवि अन्नमाचार्य :

# संदर्भ सूची :

1. अन्नमाचार्य और सूरदास, एम. संगमेशम-पृ. 109
2. अन्नमाचार्य संकीर्तनलु (तेलुगु) टी टी डी प्रचुरणलु   पद –सं – 6-232
3. अन्नमाचार्य  लिरिक्स ब्लॉग्स्पॉट .कॉम/2006 -पद सं  65
4. अन्नमाचार्य  लिरिक्स ब्लॉग्स्पॉट .कॉम/2010 -पद सं  700
5. अन्नमाचार्य संकीर्तनलु (तेलुगु) टी टी डी प्रचुरणलु   पद –सं – 6-835
6. अन्नमाचार्य संकीर्तनलु (तेलुगु) टी टी डी प्रचुरणलु   पद –सं. 6-83
7. अन्नमाचार्य संकीर्तनलु (तेलुगु) टी टी डी प्रचुरणलु   पद –सं-सं 37
8. अन्नमाचार्य  लिरिक्स ब्लॉग्स्पॉट .कॉम-पद सं –340
9. अन्नमाचार्य  लिरिक्स ब्लॉग्स्पॉट .कॉम-पद सं -340
10. अन्नमाचार्य  लिरिक्स ब्लॉग्स्पॉट .कॉम-पद सं -254
11. अन्नमाचार्य  लिरिक्स ब्लॉग्स्पॉट .कॉम-पद सं - 53
12. अन्नमाचार्य  लिरिक्स ब्लॉग्स्पॉट .कॉम-पद सं –55
13. अन्नमाचार्य  लिरिक्स ब्लॉग्स्पॉट .कॉम-पद सं –38
14. अन्नमाचार्य संकीर्तनलु (तेलुगु) टी टी डी प्रचुरणलु   पद –सं – 6-232

*************************************************

# तृतीय अध्याय
# अन्नमाचार्य की भक्ति भावना

"सा परानुरक्तिरीश्वरे"- शाण्डिल्य भक्ति सूत्र के अनुसार अपने इष्टदेव के प्रति हृदय में प्रकट होनेवाला अनन्य अनुराग ही 'भक्ति' है। शाण्डिल्य के कथन में 'परा' उपसर्ग के द्वारा उत्कट अनुरक्ति के भाव का बोध होता हे। यह रागात्मिक वृत्ति अथवा प्रेम-भावना प्रगाढ़ एवं अद्वितीय होकर भक्त के हृदय को अनंद-विभोर करता है और भक्त तन्मय की दशा को प्राप्त करता है। नारद भक्ति सूत्र के अनुसार-भक्ति में फलासक्ति जैसे कोई अन्य बात न होकर भक्ति का फल भक्ति ही माना गया है। आगे उन्होंने कहा-"सात्वस्मिन परम प्रेम रूपा। अमृत स्वरूपा च।" अर्थात् भक्ति ईश्वर के प्रति परम प्रेम रूपा और अमृत स्वरूपा है।

भक्ति या उपासना का संबंध हृदय से है और ज्ञान का संबंध बुद्धि से है। हृदय में अपने इष्ट देव की प्रति श्रद्धा एवं अचंचल विश्वास पर भक्ति अवलंबित होती है। इसलिए भगवान को 'श्रद्धा विश्वास रूपिणौ' कहा गया है। भक्त इष्टदेव की उपासना के द्वारा अनुकंपा की भावना का अनुभव करता है। उपासना का अर्थ है अपने इष्टदेव के पास में बैठकर उसका कृपा पात्र बनना। इष्टदेव की स्तुति, सेवा, अर्चा, पूजा, प्रार्थना आदि को इसी सामीप्य के अंतर्गत माना जाता है। इस सामीप्य से रागात्मिका वृत्ति का हृदय में संचार होता है और पोषण होता है। इस तरह की उपासना या भक्ति भावना में ज्ञान और कर्म संपत्ति का समन्वय ही वैदिक भक्ति का आदर्श है।

ऋग्वेद में देवताओं के स्तुतिपरक सूक्त पाये जाते हैं। इंद्र, वरुण, सविता, अग्नि से संबंधित अनेक सूक्त हैं। इन सूक्तों में देवों की स्तुति है।

ऋग्वेद की वरुण स्तुतियों की व्याख्या करते हुए डॉ. राधाकृष्णन् कहते हैं कि इन सूक्तों में वे सभी तत्व दिखायी पड़ते हैं, जो भक्ति के बीज कहे जा सकते हैं। वैष्णव धर्म का मूल ऋग्वेद में पाया जाता है, जहाँ कि विष्णु को 'बृहत् शरीरः' कहा गया है, अर्थात् जिसका शरीर बड़ा अथवा संसार मात्र जिसका शरीर है। 'प्रत्येत्याहवयम्' अर्थात् जो भक्तों के बुलाने पर आ उपस्थित होता है। विपत् ग्रस्त मनुष्य के लिए उसने पृथ्वी को तीन पगों में नाप लिया था।'[1]

**सगुण ईश्वर:**

श्रुतियों के अनुसार ब्रह्म सगुण एवं निर्गुण रूप है। बृहदारण्यक में इस प्रकार उल्लेख है-द्वेवा ब्रह्मणो रूपे मूर्तंच-अमूर्तंच, मर्त्यं चामर्त्यं च स्थितं च यद्य तद्य।"उपासना मार्ग या भक्ति मार्ग में सगुण प्रतीक के स्थान पर परमेश्वर का व्यक्त मानव रूपी प्रतीक की स्वीकृति ही भक्ति मार्ग है।" जब कभी वह निर्गुण, निर्विशेष और ज्ञान का विषय होनेवाले ब्रह्म या भगवान्, भक्त के हृदय की समस्त सीमाओं में बंधकर सगुण, सविशेष रूप में व्यक्त होता है, वही भक्त की साधना का परिणाम है। निराकार की भक्ति साधना में एक साकार की कल्पना आवश्यक हो जाती है।

"जब कभी वह निर्गुण, निर्विशेष और ज्ञान का विषय होनेवाला भगवान् या ब्रह्म भक्त के हृदय में प्रकट होता है तभी भक्त के हृदय की समस्त सीमाओं में बंधकर सगुण निर्विशेष के रूप में व्यक्त होता है। यही भक्त का भाव गृहीत रूप है।"अवतार की कल्पना का मूल आधार भी वैदिक साहित्य ही माना जाता है। अवतारों का पुराणों में कितना भी विस्तार से वर्णन हुआ हो किंतु उनके मूल सूत्र या बीज वैदिक साहित्य में उपलब्ध होते हैं।"वैदिक काल में ब्रह्म की निराकार रूप में 'पुरुष सूक्त' द्वारा प्रार्थना की गयी तथा भक्ति साधना में आराध्य के प्रति जिस सान्निध्य भावना तथा सामीप्यता की आवश्यकता होती है, उसकी पूर्ति हेतु अवतारवाद का सिद्धांत आविर्भूत हुआ जिसके बीज उक्त पुरुष सूक्त में स्पष्टतः दृष्टिगोचर होते हैं।"[2]

उपनिषद में पहली बार 'भक्ति' शब्द का प्रयोग मिलता है। "यस्य देवे पराभक्तिर्यथा देवे तथा गुरौ।" इस प्रकार गुरु को भी महत्व दिया गया है। इस

उपनिषद में ही 'प्रपत्ति' या 'शरणागति' का भी महत्व प्रतिपादित किया गया है।

**"यो ब्रह्मांड विदधाति पूर्वं यो वेदांश्च प्रहिणोति तस्मै।**
**तं हि देव मात्मबुद्धि प्रकाशं मुमुक्षुर्वै शरणमहं प्रपद्ये।।"**

पुराणों में भक्ति तत्व का प्रतिपादन और निरूपण विस्तार के साथ हुआ। विभिन्न सांप्रदायिक भक्ति साधनाओं का विवरण मिलता है। वेद में भक्ति के जो तत्व बीज रूप में पाये जाते हैं उनको पुराणों में कथा कल्पनाओं के साथ खूब विकसित एवं सुदृढ़ आधारभूमि पर टिके पाते हैं। वस्तुतः ज्ञान, कर्म और भक्ति तीनों का पुराणों में प्रतिपादन ही नहीं हुआ है, अपितु उनमें समन्वय साधकर, अवतार की प्रतिष्ठा करके, व्रत, तीर्थ आदि में विश्वास बढ़ाकर आस्तिकता एवं भक्ति को सर्वसाधारण मानव तक पहुँचाने का श्रेय भी पुराणों का ही है। वे जनता के वेद हैं।" यह भी महत्वपूर्ण है कि समस्त भारतीय मान्यताओं और धार्मिक संप्रदायों का सम्यक् विवेचन और समन्वय भी पुराणों के रचनाकारों ने ही किया है। "पुराणकर्ता आचार्यों ने आर्य और समस्त आर्येतर मान्यताओं और धार्मिक चर्चाओं को एक में मिलाकर उनके विरोध को दूर करने का चिर स्मरणीय और महान् प्रयत्न किया। इसमें हजारों वर्षों तक वे निस्वार्थ भाव से लगे रहे। अश्रांत साधक के समान वे अपना कार्य करते रहे। इसी कारण पुराणों में वैदिक, ब्राह्मण-आरण्यक, उपनिषद् और कल्पसूत्रों की दृष्टियों और सिद्धांतों को जहाँ एक ओर प्रबद्ध किया है, आरण्यकों और विशेष रूप से उपनिषदों के ज्ञानात्मक चिंतन-मनन पक्ष के अंतर्गत किया है, दूसरी ओर भक्ति और पूजा के भी विविध मार्गों की समायोजना भी दिखायी देती है।"[3]

भक्तिमार्ग के प्रचार में और भग्वद्भक्ति निरूपण में भागवत पुराण का बड़ा योगदान है। एक तरह यह भागवत-धर्म के निरूपण के लिए रचा गया है। भागवत पुराण के अनुसार भगवान के प्रति अहैतुक प्रेम ही भक्ति है। भक्ति को मुक्ति का हेतु बताया गया है। भक्ति सभी वर्गों एवं आश्रमों के लिए विहित

और आचरण योग्य है। भगवान के अनुग्रह से ही भक्ति मिलती है और उसी के अनुग्रह से पुष्ट होती है। भक्ति का प्रयोजन उसके वासुदेव के प्रति अर्पित होने में ही है। भक्ति साधना के नौ विधान प्रतिपादित हैं-

**"श्रवणं कीर्तनं विष्णोः स्मरणं पाद सेवनम्।**
**अर्चनं वन्दनं दास्यं सख्यमात्म निवेदनम्।।"** (श्रीमद् भागवत)

भागवत पुराण की मान्यता है कि वासुदेव कृष्ण ही परम पुरुष परब्रह्म परमात्मा हैं। बाकी अवतारों में भगवान के अंश हैं, किंतु कृष्ण तो साक्षात् भगवान हैं। भागवत पुराण के अनुसार भक्त वही है, जो सारे विश्व में भगवान के दर्शन कर सके। विष्णु पुराण में कहा गया है कि कृष्ण का नाम संकीर्तन अथवा स्मरण मात्र से सभी पाप कर्मों का प्रायश्चित्त हो जाता है।

भगवद्गीता में भक्ति का सांगोपांग विवरण मिलता है। भगवद्गीता वैष्णव- धर्म का प्रथम प्रामाणिक ग्रंथ माना जाता है। मनुष्य मात्र के हृदय में प्रत्यक्ष अथवा व्यक्त के प्रति सहज आकर्षण की प्रवृत्ति होती है, उसमें तत्व-ज्ञान का समन्वय करने की वैदिक धर्म की रीति गीता के भक्ति योग में स्पष्ट परिलक्षित होता है। विशिष्टाद्वैत में अनन्य भक्ति और शरणागति का मूल-मंत्र का आधार भगवद्गीता का यह श्लोक है-

**"सर्व धर्मान् परित्यज्य मामेकं शरणं व्रज।**
**अहं त्वां सर्वपापेभ्यो मोक्षयिष्यामि मा शुचः।।** (भगवद्गीता)

इस प्रकार पुराण-साहित्य में विष्णु, नारायण, वासुदेव, कृष्ण आदि को एक ही परब्रह्म पुरुषोत्तम माना गया है। अतः इन सबकी भक्ति को वैष्णव भक्ति कहा गया है। राम, कृष्ण आदि अवतार पुरुषों की भक्ति को भी वैष्णव संप्रदाय या भागवत धर्म के रूप में मान्यता मिल गयी।

भक्ति के ऐतिहासिक पृष्ठभूमि पर विचार करते हैं तो सर्वप्रथम श्वेताश्वर उपनिषद् और पाणिनि कृत व्याकरण में भक्ति शब्द का प्रयोग मिलता है। "पाणिनि के भाष्यकार पतंजलि ने अपने भाष्य में शिव भागवतों का

उदाहरण दिया है। इसी से मालूम होता है कि उसके पूर्व विष्णु-भागवतों का अस्तित्व प्रसिद्ध था। पुरातत्व के खोजों के अनुसार ईसा पूर्व दूसरी सदी में वासुदेव भक्त अपने को भागवत कहते थे।"इस बात की पुष्टि के लिए कुछ शिलालेख भारत के विभिन्न प्रांतों में मिलते हैं। इस तरह मालूम होता है कि पाणिनि के समय से (ई.पू.600-500) पहले ही देश के पश्चिमोत्तर भागों में वासुदेव भक्ति का प्रचार प्रारंभ हो गया था। ध्यान देने की बात है कि ठीक उसी समय के तमिल संघकालीय साहित्य से भी यही पता चलता है कि तब तक दक्षिण में भी मेयान (नील मेघ श्याम) तिरुमाल (विष्णु) की भक्ति का प्रचार हो गया था। दक्षिण प्रांतों के अनेक मंदिरों का निर्माण और उन मंदिरों में भगवान के शयन,आसीन, उत्थान आदि मुद्राओं में अनेक शिल्प-शैलियों में बनी मूर्तियों की अर्चना-आराधना आदि का प्रचलन हो गया था। उस साहित्य में तिरुमल की लीलाओं के वर्णन में उनके परमात्मा स्वरूप, क्षीर सागर - वास, शेषशयन रूप, राक्षस-दलन, बलराम साहचर्य, लक्ष्मी और नप्पिनै (नीला अथवा राधा) का वर्णन पाया जाता है। आभीर लोगों से बाल एवं प्रेम देवता के रूप पूजित और अर्चित होने के साथ-साथ उनके उत्सवों में कुरवै जैसे नृत्यों के आयोजन की भी चर्चा मिलती है।"7 यह साहित्य ईसा पूर्व पांचवीं सदी से लेकर ईसवीं दूसरी सदी तक के समय में निर्मित तमिल ग्रंथम् और द्वितीय संघ कालीन साहित्य है। "बाद में हुए आलवारों की भक्ति पर इस साहित्य का प्रचुर मात्रा में प्रभाव परिलक्षित होता है।" तात्पर्य यह है कि यह सारा विकास ईसा पूर्व ही हो चुका होगा, जिसके परिणाम में तब तक कृष्ण, वासुदेव, विष्णु, नारायण सबको एक माना गया और आभीर (आभार) बालकृष्ण के साथ नपिनै (राधा) का साहचर्य भी रूढ़ हो गया था।

वैष्णव आगम शास्त्रों के अनुसार अर्चना एवं उपासना के दो भेद माने गये हैं-

**"अमूर्तेति समूर्तेति द्विविधा सार्चना मता ।**
**अमूर्तान्याहुतिः प्रोक्ता समूर्ता प्रतिमार्चना ।।"** (अत्रिसंहिता-28.28)

आगे यह भी बताया गया कि आगमों के अनुसार समूर्त अर्चना या उपासना के दो भेद और हैं-

"आलयार्चा गृहार्चेति समूर्तार्चा द्विधा मता ।
बल्युत्सवादिभिर्हीना न्यूना तस्माद् गृहार्चना ।" (अत्रि संहिता-35)

बलि, उत्सव आदि विशेष आयोजन गृहार्चा में असंभव होने के कारण आलयार्चा या उपासना को श्रेष्ठ माना गया है। इसी विचार से प्रेरित होकर देवालय को विश्व के अधिपति भगवान् का निवास स्थान मानकर उसमें ईश्वर की अनेक विधि विधानों का पूजा या उपासनाओं का समायोजन किया जाने लगा। आलय में प्रतिष्ठित भगवान् की समस्त राजोपचारों से सेवा की जाने लगी। देवालय ही भगवान का पर्याय माना जाने लगा। मध्यकाल के अभिलेखों से मालूम होता है कि देवालय के वैभव बढ़ाने के लिए बड़े-बड़े साम्राज्य तक दान में देते थे। इस प्रकार निर्गुण का सगुण-साकार रूप के प्रचलन के साथ मंदिरों का निर्माण एवं पूजा-अर्चना का विकास होने लगा।

## दक्षिण में भक्ति का विकास

ईसा पूर्व के संघकालीन तमिल साहित्य में तिरुमल अथवा विष्णु की भक्ति का प्रचार निरूपित होता है। "ईसवीं सदी के आरंभ काल तक दक्षिण में विष्णु के वराह, नृसिंह आदि अवतार लीलाओं की कथाएँ और बाल कृष्ण तथा गोपी की कथाएँ खूब प्रचलित हो गयीं... तिरुवनंतपुरम्, मधुरा, कांचीपुरम्, कावेरी पट्टणम् जैसे नगरों में विष्णु देव के मंदिर बन चुके। चेर राजा इन मंदिरों का बड़े आदर से पोषण करते थे। इसी तरह संघोत्तर कालीन साहित्य (ईसवीं 2-5 सदियाँ) के 'शिल्पाधिकारम्', 'मणिमेखलै' जैसे काव्यों में तिरुवेंगडम् (तिरुमल-तिरुपति) कावेरी पोनपट्टण, मधुरा (दक्षिण) जैसे नगरों में बने विष्णु मंदिरों का वर्णन मिलता है। संकर्षण-वासुदेव तत्व व रामावतार कथा से भी लोग खूब परिचित थे।"

आंध्र प्रांत में शातवाहन राजाओं के समय से संकर्षण, वासुदेव तत्व का परिचय था। कांची के पल्लव राजाओं के राज्य का विस्तार का काल 5-6

शताब्दियाँ मानी जाती है। मामल्लपुरम (महाबलिपुरम), कांचीपुरम आदि स्थानों में पल्लव राजाओं के समय के विष्णु मंदिर मिलते हैं। पल्लव राजाओं के समय के शिलालेखों से विदित होता है कि विष्णु मंदिरों के लिए राजाओं ने भूमि - दान किया। कृष्णा नदी के दक्षिण तीर प्रांत में 4-5 वीं शताब्दी तक भागवत धर्म व्याप्त हो गया। 4-5 वीं शताब्दी के मध्यकाल में कृष्णा-गोदावरी के मध्यदेश में और गोदावरी के उत्तर में कलिंग-प्रांत में यद्यपि कुछ परम शिवभक्त थे किंतु कुछ राजाओं ने विष्णु मंदिरों के लिए दान दिया था। आलवारों के दिव्य प्रबंधम् (नालियार प्रबंधम्, द्राविड प्रबंधम् और तमिल वेद अन्य नाम) में दक्षिण प्रांत के 108 वैष्णव क्षेत्रों का वर्णन मिलता है। यह भी ध्यान देने की बात है कि आंध्र का समय-समय पर विभिन्न भाषायी साम्राज्यों का अंग रहने के कारण तेलुगु भाषी साहित्य पर विभिन्न प्रभावों को देखा जा सकता है। आंध्र प्रांत में संस्कृत में साहित्य की रचना निरंतर चलती रही और दक्षिण में शिक्षित जन समुदायों में विभिन्न प्रांतों के संस्कृत साहित्य का पठन-पाठन अक्षुण्ण चलता रहा।

## दक्षिण में भक्ति की दार्शनिक पृष्ठभूमि

भारत के सभी प्रमुख दार्शनिक सम्प्रदायों का जन्म दक्षिण में हुआ। तत्कालीन राजनीतिक कारणों से गुप्त युग के अंत होते ही हिंदू धर्म और वैदिक संस्कृति का केंद्र उत्तर से दक्षिण में बदल गया। आलवार और नायनमार लोगों के भक्ति आंदोलन का क्षेत्र दक्षिण ही रहा। उस समय दक्षिण में कितने ही नये मंदिरों एवं मठों का निर्माण हुआ। कितने ही नास्तिक धर्मों को उस समय वहाँ से निर्वासित होना पड़ा। जनमानस में प्रतिष्ठित कितनी ही कथाओं एवं लोकोक्तियों को सुरुचिपूर्ण बनाकर धार्मिक समन्वय की दृष्टि से संग्रहीत करके भागवत जैसे पुराणों का निर्माण किया गया। जनमानस में धार्मिकता को एक नयी स्फूर्ति मिली। ऐसे समय में शंकराचार्य का जन्म हुआ, जिनके अद्वैत सिद्धांत का प्रचार एवं प्रभाव शीघ्र ही समूचे देश में फैल गया। शंकराचर्य के बाद रामानुजाचार्य, मध्वाचार्य, निंबार्क आचार्य, विष्णु

स्वामी, रामानंद और वल्लभाचार्य तक सभी दार्शनिक दक्षिण में ही प्रकट हुए थे। इन सभी महानुभावों का दक्षिण ही नहीं, उत्तर भारत में भी इन के दार्शनिक विचारों का प्रचार-प्रसार परिलक्षित होता है। यद्यपि अन्नमाचार्य रामानुज के विशिष्टाद्वैत दार्शनिक सिद्धांत से और साधना पद्धति से प्रभावित थे तथापि अन्य प्रभावों को भी इनकी भक्तिपूर्ण रचनाओं और साधना पद्धति पर देखा जा सकता है।

शंकराचार्य का सिद्धांत है-"ब्रह्म सत्यं, जगन्मिथ्या, जीवो ब्रह्मैव नापरः।" "अहं ब्रह्मास्मि, तत्वमसि, सर्व खलु इदं ब्रह्म" कह कर जीव, जगत् में अभेद माना। वे ज्ञान के द्वारा मुक्ति को मानते हैं। इस मुक्ति को प्राप्त करने के लिए साधना आवश्यक है। शंकराचार्य के अनुसार इस साधना में भक्ति और कर्म भी आवश्यक है। शंकर का ब्रह्म सामान्य व्यक्ति की पहुँच से परे है। उन्होंने संसार को मिथ्या कहकर उसकी निस्सारता का प्रतिपादन किया। वैदिक धर्म की स्थापना के लिए देशाटन किया और ज्ञानवादी सिद्धांत के महत्व का प्रचार किया। साधारण जन समुदाय के लिए यह साधना मार्ग कठिन था। इसलिए अनेक आचार्यों ने शंकराचार्य के अद्वैत सिद्धांत का खंडन किया। शंकराचार्य के सिद्धांत के विरोध करने वाले आचार्यों में नाथमुनि महत्वपूर्ण हैं। आलवार भक्तों के भक्ति गीतों का संग्रह कर, उनको श्रीरंगनाथ मंदिर में वेदमंत्रों के समान प्रयोग करने का प्रयत्न किया। आलवार भक्तों के गीतों के प्रथम संग्रहकर्ता होने का श्रेय भी इनको जाता है। नाथमुनि ने उत्तर भारत की यात्रा करके भक्ति एवं आलवार भक्तों की भावधारा का प्रचार किया। इस तरह श्री संप्रदाय के प्रथम प्रवर्तक होने का श्रेय नाथमुनि को जाता है। इनके पौत्र यामुनाचार्य ने भी इस प्रचार कार्य को आगे बढ़ाया। विशिष्टाद्वैत के प्रवर्तक रामानुजाचार्य इनके भांजा थे। कहते हैं कि रामानुज ने इन्हीं की मनोकामना की पूर्ति के लिए ब्रह्मसूत्रों का विशिष्टाद्वैतवादी भाष्य 'श्री भाष्य' का प्रणयन किया।" (एम. संगमेशम-सूरदास और अन्नमाचार्य)

रामानुजाचार्य का जीवन काल 1017-1137 ई. माना जाता है। इनका जन्म मद्रास (चेन्नई) के समीप श्री पेरंबदूर नामक गाँव में हुआ।

रामानुजाचार्य ने श्रीरंगम् में वैष्णव धर्म में दीक्षित होकर विशिष्टाद्वैत सिद्धांत का गंभीर अध्ययन किया। तत्पश्चात् "श्री संप्रदाय" की स्थापना करके उसके प्रचार के लिए भारत के सभी प्रमुख स्थानों की यात्रा की। अनेक स्थानों में वैष्णव मठों की स्थापना की। यामुनाचार्य के बाद श्रीरंगम् के मठ की गद्दी इन्हीं को प्राप्त हुई। श्री भाष्य और भगवद्गीता का विशिष्टाद्वैतवादी भाष्य लिखकर रामानुज ने अपने सिद्धांत के लिए संपूर्ण शास्त्राधार भी प्रस्तुत किया। "रामानुज ने अपने सिद्धांत के निरूपण में वेद शास्त्रों से ही नहीं बल्कि तमिल प्रबंधम् और विष्णु पुराण जैसे पुराणों से भी सहायता ली।"

रामानुज के विशिष्टाद्वैत सिद्धांत के अनुसार ब्रह्म ही सबका कर्ता, भोक्ता और नियंता है। वह अंतर्यामी रहकर चित् जीव और अचित् जगत् दोनों का नियंत्रण करता है। वह इन दोनों में व्याप्त और इनसे परे भी है। यही उसकी विशिष्टता है। सृष्टि के सूक्ष्म और स्थूल रूप होते हैं। जगत् का सूक्ष्म मूल रूप ही प्रकृति है। वह अंतर्यामी ब्रह्म ही अपनी इच्छा से ब्रह्मांड का स्थूल रूप धारण करता है। सूक्ष्म और स्थूल दोनों का मूल रूप हो कर ब्रह्म ही सृष्टि का निमित्त एवं उत्पादन कारण बनता है।"[13]

चौदहवीं शताब्दी के दर्मियान रामानुज संप्रदाय दो दलों में विभक्त हो गया। उत्तर के वैष्णाव वेदांत देशिक के नेतृत्व में अपने को 'वडहलै' वैष्णव कहकर संस्कृत के और वैदिक आचार के विशेष पक्षपाती हो गये। दक्षिण में वैष्णव मणवाल महामुनि के नेतृत्व में अपने को 'तैंगलै' वैष्णव कहकर तमिल प्रबंधम् के विशेष अनुरागी हो गये। 'वडहलै' लोग भक्ति के साथ ज्ञान का अनुष्ठान भी मुक्ति के लिए आवश्यक अंग मानते हैं। 'तेंगलै लोग' प्रपत्ति को ही मुक्ति का एक मात्र उपाय मानते हैं। वे जाति पाँति के विषय में भी ज्यादा उदार हैं। वडहलै लोग भी भक्ति में जाति पाँति को नहीं मानते। ये भक्ति के साथ ज्ञान के उपार्जन में तथा तमिल प्रबंधम् के साथ वेद में भी अपना विश्वास प्रकट करते हैं।"वेदांत देशिक ने 'तमिल प्रबंध' के कुछ गीतों का संस्कृत में विवरण सहित अनुवाद किया और उनकी भावधारा की महत्ता को भी प्रतिपादित किया। वेदांत देशिक ने अनेक ग्रंथों की रचना की और

अद्वैतवाद का खंडन किया। इनके जन्म के बारे में एक लोक कथा प्रचलित है। इनके जन्म के पहले इनकी माता को तिरुमल तिरुपति के वेंकटेश्वर मंदिर का घंटा स्वप्न में दिखायी दिया। इनके जन्म समय से वह घंटा मंदिर से अदृश्य हो गया। आज भी तिरुमल-तिरुपति मंदिर के गर्भगृह में घंटा नहीं रखते और वहाँ घंटावादन का भी निषेध है। एक महत्वपूर्ण विषय यह भी है अन्नमाचार्य वेदांत देशिक के संप्रदाय के अहोबल मठ में वैष्णव धर्म में दीक्षित हुए और उन्हीं की विचारधारा के प्रबल पक्षपाती थे।

दक्षिण में भक्ति के प्रचार-प्रसार में आंध्र प्रांत में भक्ति के प्रचारक के रूप में आचार्य आनंद तीर्थ के शिष्यों में नरहरि तीर्थ का विशेष महत्व है। वे उडीसा के गजपतियों के यहाँ आदर सम्मान पाकर बहुत समय तक वे जगन्नाथ पुरी में भी रहे। आंध्र प्रांत के श्रीकूर्म क्षेत्र से भी इनका विशेष संबंध रहा। ध्यातव्य है कि आंध्र का उत्तर प्रांत (उत्तरांध्र ) गजपतियों के शासन क्षेत्र के अंतर्गत था। "श्रीकूर्मम् के शिलोखों के अनुसार नरहरितीर्थ सीता-राम परिवार की मूर्तियों को प्राप्त करने के लिए उडीसा गये और उस काम में कृतकृत्य हुए।" आचार्य नरहरितीर्थ के शिष्य श्रीपादराय एवं व्यासराय आचार्य गद्दी पर आसीन हुए। इन दोनों आचार्यों का भी तिरुमल-तिरुपति क्षेत्र एवं श्री वेंकटेश्वर मंदिर के साथ बड़ा घनिष्ठ संबंध रहा। श्रीपादराय ने कन्नड़ में कुछ भक्ति भाव भरे गीतों की रचना की जिनका प्रभाव अन्नमाचार्य एवं कन्नड़ के रचनाकार पुरंदरदास के गीतों पर देखा जा सकता है। दक्षिण के अन्य आचार्यों में विष्णुस्वामी का नाम भी उल्लेखनीय है। विष्णु स्वामी संप्रदाय को शुद्धाद्वैत संप्रदाय कहते हैं। भंडारकर जी के अनुसार इनका जीवन काल तेरहवीं शताब्दी माना जाता है। श्री वल्लभाचार्य की गुरु परंपरा में विष्णुस्वामी का उल्लेख मिलता है। यह भी बताया जाता है कि प्रसिद्ध भक्त कवि लीलाशुक (बिल्वमंगल) भी इन्हीं का शिष्य थे। सांप्रदायिक ग्रंथों के अनुसार वल्लभाचार्य के स्वप्न में लीलाशुक प्रकट हुए और उन्होंने ही वल्लभाचार्य को विष्णु स्वामी की रिक्त गद्दी को स्वीकार करने की सलाह दी।

दक्षिण से उत्तर में जाकर भक्ति का प्रचार करनेवाले आचार्यों में निम्बार्क आचार्य सर्वप्रथम आचार्य थे। वे आंध्र प्रांत के बल्लारि जिला (अब कर्नाटक में) निंबपुर में इनका जन्म हुआ। निम्बार्क के अनुसार "परमात्मा कृष्ण हैं। इस संप्रदाय के अनुसार राधा श्रीकृष्ण के वामांक में सुशोभित होती है। वह श्रीकृष्ण के अनुरूप सौभाग्या, स्वकीया, विवाहिता और हजारों आह्लादिनी गोपी स्वरूपा शक्तियों से परिवृता रहती है।" परवर्ती भक्ति साहित्य को प्रेम लक्षणा रागात्मिकता भक्ति (देश के पूर्वी भाग में प्रचारित ) की प्रेरणा का श्रेय निम्बार्काचार्य को जाता है।

## लीला शुक और वल्लभचार्य : कृष्णभक्ति का विकास

दक्षिण में लीलाशुक शैव परिवार के होते हुए भी गोपालकृष्ण के अनन्य उपासक थे। कुछ आलोचकों के अनुसार इनका संबंध केरल प्रांत से माना जाता है तो कुछ इनका संबंध आंध्र के कृष्णतटीय प्रांत अमरावती, श्रीकाकुलम आदि क्षेत्रों से मानते हैं। इनकी प्रसिद्ध रचना श्री'कृष्णकर्णामृत' है। आंध्र प्रांत में 'कृष्ण कर्णामृत' के श्लोकों की लोकप्रियता वे प्रसार को देखते हुए यह मानना पड़ेगा कि लीलाशुक का संबंध कुछ आंध्र प्रांत से भी रहा होगा। इन्होंने कृष्ण के बाल एवं किशोर लीलाओं का विस्तार से संस्कृत में वर्णन किया। लीलाशुक द्वारा रचित 'रासाष्टक' का आंध्र प्रांत में बहुत प्रचार हुआ। यहाँ के कूचिपूडि नृत्य मंडलियों द्वारा 'कृष्ण कर्णामृत' के अनेक श्लोकों पर अभिनय शताब्दियों से परंपरागत रूप से किया जा रहा है। वल्लभाचार्य के 'मधुराष्टक' पर और अन्य रचनाओं पर भी 'कृष्ण कर्णामृत' का प्रभाव देखा जा सकता है। यह ध्यातत्व है कि निम्बार्क, विष्णु स्वामी एवं लीलाशुक के प्रभाव से आंध्र प्रांत में ईसवीं 13-14 वीं सदियों में बालकृष्ण, राधाकृष्ण एवं गोपीकृष्ण की भक्ति को विशेष प्रचार मिल गया था। अन्नमाचार्य के पदों पर लीलाशुक का प्रभाव तो है ही, वल्लभाचार्य के शिष्य होने के कारण सूरदास भी लीलाशुक की भक्ति रचनाओं से परिचित थे। "अन्नमाचार्य और सूरदास दोनों की रचना में 'कृष्ण कर्णामृत' के कई श्लोक अनूदित हुए मिलते हैं।"

दक्षिण का वैष्णव भक्ति साहित्य भक्त कवि अन्नमाचार्य :

महाप्रभु वल्लभाचार्य (1471-1530) का जन्म तेलुगु प्रांत के वेलनाटि वैदिक ब्राह्मण परिवार में हुआ। ये भारद्वाज गोत्र के थे। इनके पिता लक्ष्मण भट्ट और माता एल्लम्मा थी। वल्लभाचार्य के पिता काशीयात्रा गये। लक्ष्मण भट्ट के काशी प्रवास के दौरान वल्लभाचार्य का जन्म हुआ। किंतु कुछ वर्षों बाद पिता की मृत्यु के कारण बालक वल्लभ अपनी माँ के साथ अपने मामा के घर लौट गये। तब तक ही वल्लभ ने अपनी प्रतिभा से वेद-शास्त्रों का अध्ययन पूरा किया था। माँ को अपने मामा के पास छोड़ कर भारत की यात्रा पर चले गये। वल्लभाचार्य के बारे में यह प्रसिद्ध है कि उन्होंने तीन बार सारे भारत की यात्राएँ की थी। अंतिम यात्रा के दौरान विजयनगर राजदरबार में उनका पण्डितों से शास्त्रार्थ हुआ और विजयी हुए। उसके फलस्वरुप राजा के हाथ 'कनकाभिषेक' का सम्मान मिला। यह घटना सन् 1508 में हुई। उस समय विजयनगर की राज गद्दी पर कृष्ण देवराय के बड़े भाई वीर नरसिंह राय का शासन चल रहा था। हाल ही में गुजरात के सावली नामक गाँव में एक कुएँ की खुदाई में प्राप्त प्राचीन पत्रोल्लेख इसकी पुश्टि में यों मिलता है-

"विद्यापट्टणम, श्री नृसिंह वर्मा सार्वभौम स्वस्ति श्री साम्राज्ये मीन मासे लोक गुरु आचार्य प्रभु वल्लभ हेमाभिषेकम्" आवृति - पूर्ण कार्तिक शुक्ल-अब्द-1568।" राजदरबार के सभाध्यक्ष प्रसिद्ध माध्व मताचार्य श्री व्यासराय वल्लभाचार्य की दार्शनिकता पर अत्यंत प्रभावित हुए। उन्होंने अनुरोध किय कि वल्लभाचार्य माध्व मत की गद्दी स्वीकार करें। किंतु जैसे कि माना जाता है कि लीलाशुक के स्वप्न साक्षात्कार एवं उनकी सलाह पर वल्लभाचार्य ने विष्णु स्वामी संप्रदाय की गद्दी को स्वीकार किया। वियजनगर से लौटकर वल्लभाचार्य ने यमुना किनारे अडैल और रुनकता नामक गाँव में रहने लगे।

## वल्लभाचार्य का तिरुपति से संबंध

यह सर्वमान्न्य है कि वल्लभाचार्य ने तीन बार संपूर्ण भारत की यात्रा की। कृष्णदास वल्लभाचार्य के विश्वासपात्र शिष्य थे। आचार्य जी की इन यात्राओं में अक्सर वे इनके साथ रहते थे। आचार्य जी अपनी यात्राओं में कहीं-कहीं भागवत का पारायण करते थे। ऐसे स्थानों में बैठकें बनवा दी जाती थीं। ऐसी 84 महाप्रभु जी की बैठकें देश भर में हैं। तिरुमल-तिरुपति जब वे पहली बार आये, तब यहाँ की स्वामि पुष्करिणी के किनारे श्री वराहस्वामी के मंदिर के पास इनकी बैठक हुई, तो दूसरी और तीसरी यात्राओं में भी उन्होंने उसी जगह बैठकें लगायीं। आज भी वल्लभ मत के अनुयायी लोग तिरुमल - तिरुपति की यात्रा जाने पर उक्त स्थान का दर्शन अवश्य करते हैं।"

यह ध्यान देने की बात है कि वल्लभाचार्य की यात्राओं के काल में (1489- 1510) तिरुमल-तिरुपति में अन्नमाचार्य और उनके सन्तति वालों की प्रसिद्धि थी। वे सभी कवि, पंडित, गायक व आचार्य के रूप में प्रतिष्ठित थे। उनका एक मठ भी यहाँ चलता था। हमारे विचार में आचार्य प्रभु को उस समय अन्नमाचर्य के तेलुगु व संस्कृत पदों का परिचय मिला होगा। वल्लभाचार्य ने अपने कृष्ण भक्ति प्रचार-प्रसार कार्य में इस पद-साहित्य का परिचय उत्तर भारत यात्रा के दौरान प्रवचनों में दिया होगा। अन्नमाचार्य ने वेंकटेश्वर बालाजी को कृष्ण परम पुरुष से अभिन्न मानते हुए बाल कृष्ण और अन्य कृष्ण लीलाओं का गायन किया था। अन्नमाचार्य वल्लभाचार्य के पूर्ववर्ती आचार्य कवि होने के कारण कृष्ण भक्ति साहित्य के संदर्भ में भी अन्नमाचार्य सूरदास के पहले कवि सिद्ध होते हैं। चैतन्य महाप्रभु (1484-1533 ई.) वल्लभाचार्य के समकालीन थे। चैतन्य ने भी भारत के सभी प्रमुख तीर्थों की यात्रा की। इन्होंने दक्षिण भारत की भी यात्रा की और सभी वैष्णव क्षेत्रों का दर्शन किया। कहा जाता है कि इसी यात्रा के दौरान राजमहेंद्रवरम् (आंध्र) में राय रामानंद से मिले और उनसे
'कृष्ण कर्णामृत' तथा 'ब्रह्म गीत' नामक ग्रंथों को प्राप्त किया।

महान् भक्त के रूप में चैतन्य महाप्रभु की प्रसिद्धि सर्वविदित है। उनकी भक्ति साधना में शृंगार भक्ति या मधुर भक्ति को अधिक प्रश्रय मिला। संकीर्तन में उनकी विशेष रुचि थी। इनकी शिष्य परंपरा में 'रूप गोस्वामी' बहुत प्रसिद्ध हैं। इस संप्रदाय में भक्ति के शास्त्रीय विवेचन को महत्व दिया। रूप गोस्वामी द्वारा रचित 'भक्ति रसामृत सिंधु' और 'उज्जवल नील मणि' बहुत प्रसिद्ध हैं। 'भक्ति रस' की संकल्पना में इन ग्रंथों का बड़ा योगदान है। सनातन गोस्वामी और जीव गोसवामी ने भी इस प्रकार के ग्रंथों की रचना की।

इस प्रकार अन्नमाचर्य वल्लभाचार्य एवं चैतन्य महाप्रभु से भी पूर्ववर्ती रचनाकार आचार्य सिद्ध होते हैं जिन्होंने कृष्ण की बाललीला एवं शृंगार लीलाओं का वर्णन किया। अन्नमाचार्य की यह विशेषता रही कि राम, कृष्ण एवं वेंकटेश्वर में अभेद की अनुभूति के साथ भक्ति भावना में मग्न होकर रचना की। यह भी ध्यान देने की बात है कि इन तीनों पर - (अन्नमाचार्य, वल्लभाचार्य एवं चैतन्यप्रभु) लीलाशुक की 'कृष्ण कर्णामृतम्' रचना का स्पष्ट प्रभाव लक्षित होता है। अन्नमाचार्य के भक्ति संबंधी विचार वैष्णव आगम ग्रंथों में शरणागति का विशद वर्णन मिलता है। उनके अनुसार शरणागति के लक्षण होते हैं-

**''अनुकूलस्य संकल्पः प्रतिकूलस्य वर्जनम्।**
**रक्षिष्यातीति विश्वासस्तथा गोपृत्व वर्णनम्।**
**आत्म निक्षेप कार्पण्यम् षड्विधा शरणागतिः । ।"** (पाँच रात्र आगम)

अपने इष्टदेव के अनुकूल गुणों का अभ्यास और धारण करने का संकल्प, उसके प्रतिकूल गुणों का त्याग, रक्षक के रूप में भगवान के प्रति अचंचल विश्वास, भगवान के गुणों का वर्णन, स्वयं को भगवान के श्रीचराणें में समर्पित करना और दीन होकर भगवान के पास पहुँचना शरणागति' के लक्षण हैं।

भगवद् भक्ति के लिए 'अहंकार' का विसर्जन अत्यंत आवश्यक है। मनुष्य मात्र से पूछते हैं-"जीव कितना है? उसके बुद्धि की सीमा कितनी ? दैवी-विधान के आगे उसकी क्या चलती है? तब यह अहंकार किसलिए है?

आखिर हमसे क्या होता है?"[21] सारे जगत के कर्ता भगवान को क्या हमारी आवश्यकताओं की चिंता नहीं है? बीच में आकर हम अपने को कर्ता मानकर गर्व करने लगते हैं। किंतु वास्तव में सबका कर्ता व धर्ता भगवान ही है।

अन्नमाचार्य का मत है कि "भगवान के शरण में जाना ही 'जीव' का परम कर्तव्य है, संसार का अनुसरण करना नहीं।"

नाथमुनि (950 ई.) ने पहली बार नम्मालवार (जिन्हें शठगोप यति नाम से भी जाना जाता है) की 'तिरुवायिमुडि' को राग-ताल-युक्त संगीत शैली (इशै शैली) तथा पद एवं पदार्थ के साथ पठन शैली (इयल शैली) में श्रीरंगम् के रंगनाथ मंदिर में गाने का प्रबंध किया। नाथमुनि ने 'तिरुवायिमुडि' को उपनिषद् समान एवं श्रुति सागर माना है-

**"भक्तामृतं विश्वजनानुमोदनं, सर्वार्थदं श्री शठगोप वाङ्मयम् ।**
**सहस्र शारवोपनिषत् समागममं नमाम्यहं द्रविडवेद सागरम्।।"**

नम्मालवार जन्म से शूद्र थे। इनको ही शठगोपयति, परांकुश मुनि, मारन् आदि कई अन्य नामों से पुकारते हैं। इनकी रचना को वेद समान मानना और उसे वेद के साथ अध्ययन करना श्री वैष्णव संप्रदाय की उदारता का प्रबल प्रमाण है। भक्ति को सार्वजनीन मानकर, भगवान के सामने हर एक व्यक्ति को अपनी इच्छा के अनुसार अपनी मातृभाषा में प्रार्थना करने का अधिकार देने में श्री वैष्णव संप्रदाय अग्रगण्य है। वैष्णव मंदिरों में नित्य अर्चना के समय द्रविड प्रबंध के उपयुक्त भागों का प्रभाती, अभिषेक, स्वस्ति-वाचन, रूप-वर्णन, झूला, श्रृंगार, शोभावर्णन, शरणागति आदि संदर्भों में गायन होता था। इसमें नम्मालवार की रचना 'तिरवायिमुडि' को उत्सव के समय गाया जाता है। इस प्रकार "तिरुवायिमुडि" की प्रधानता स्पष्ट होती है। उच्च जाति के न होने पर भी नम्मालवार को 'कुलपति' का स्थान देकर उनको आचार्य परंपरा में प्रमुख स्थान दिया गया था।

'तिरवेंगडम्' तिरुमल-तिरुपति का प्राचीन नाम है। आलवारों की रचनाओं में देश के विभिन्न वैष्णव मंदिरों का वर्णन मिलता है। किंतु

तिरुमल-तिरुपति के श्री वेंकटेश्वर का वर्णन अधिक मिलता है। श्री तिरुमल नंबि और श्री रामानुज भी तिरुमल-तिरुपति आकर स्वामी की सेवा में लग गये थे। यहाँ स्मरणीय है कि मंदिर के पूजा-विधान में 'आगम' या शास्त्रीय पद्धति के अनुसार भगवान की मूर्ति के विविध उपचारों एवं सेवाओं में वेद मंत्रों का ही प्रयोग होता है। उसी समय श्रीवैष्णव भक्त "दिव्य प्रबंधम्" से संदर्भोचित पद्य गाते हैं। ब्राह्मण वेद मंत्रों को पढ़ते हैं। इस तरह भगवत् आराधना में एक ही समय सब कोई सक्रिय भाग लेते हैं। इस प्रकार तिरुपति क्षेत्र और वैष्णव धर्म का घनिष्ठ संबंध हो गया। तिरुमल-तिरुपति आंध्र प्रांत की दक्षिणी सीमा पर है। यह प्रांत तमिल भाषी प्रांत के नजदीक होने के कारण सीमावर्ती लोग प्रायः तेलुगु और तमिल दोनों भाषाओं के जानकार होते हैं। किंतु तमिल भाषा के दिव्य प्रबंधम् अन्य प्रांतों के तेलुगु भाषियों के समझने में कठिनाई होती है। इसीलिए आंध्र प्रांत के कुछ वैष्णव भक्त कवियों के 'प्रबंधम्' के अनुकरण तेलुगु भाषा में भी उसी शैली में भक्ति भावना से युक्त रचनाएँ प्रस्तुत करने का प्रयत्न किया। सर्वप्रथम 13 वीं सदी में श्री कृष्णमाचार्य ने इस शैली में 'सिंहगिरि वचन' की रचना की। इस ग्रंथ में सिंहाचल क्षेत्र के श्री वराह नृसिंह भगवान् का यशोगान किया। उनके बाद अन्नमाचार्य ने श्री वेंकटेश्वर मंदिर के भगवान श्री वेंकटेश्वर का इसी शैली में भक्ति रस पूर्ण रचनाएँ की थी। अन्नमाचर्य ने भगवान के समक्ष लगभग 32000 पदों का गायन किया। उनके पुत्र-पौत्रों ने भी आचार्य - पुरुष होकर कितने ही ब्राह्मण एवं ब्राह्मणेतर लोगों को श्रीवैष्णव धर्म की दीक्षा दी। 'दिव्य प्रबंधम्' के साथ अन्नमाचार्य एवं उनके पुत्र-पौत्रों के पदों को मंदिर की अर्चना आराधना में गायन की प्रथा को प्रचलित किया। 'प्रबंधम' को द्रविड वेद कहते हैं और अन्नमाचार्य की रचना को उसके समकक्ष 'आंध्र वेद' कहा जाने लगा।" द्रविड वेद की रचना करने श्री शठगोपयति का अवतार हुआ। शठगोप यति के शिष्य अन्नमाचार्य भी उसी तरह आंध्र प्रांत में 'आंध्र वेद' की रचनाकार का अवतार सिद्ध हुए। इनके पद भी दिव्य प्रबंधम् के आदर्श पर भक्त ,जीव और परमात्मा में पति-पत्नी भाव और नायक-नायिका भाव के चित्रण से "

उज्जवल शृंगार रस" की व्यंजना होती हैं।[22] आलवारों की भक्ति पद्धति से प्रभावित होने के बावजूद स्वतंत्र प्रकृति के कवि एवं संगीत शास्त्र के विद्वान होने के कारण

अन्नमाचार्य के पद अपनी काव्यात्मकता एवं सरसता के कारण विलक्षण है।

***

**संदर्भ सूची :**


1. भारतीय दर्शन, डॉ. राधाकृष्णन्-पृ.70-73
2. डॉ.हजारी प्रसाद द्विवेदी, मध्यकालीन धर्म साधना-पृ.11
3. श्री दुर्गाशंकर मिश्र, भक्ति काव्य के मूल स्रोत-पृ.19
4. एम.संगमेशम्, अन्नमाचार्य और सूरदास - पृ.53
5. श्री करुणा पति त्रिपाठी, हिंदी सगुण काल की सांस्कृतिक भूमिका, प्राक्कथन- पृ.14
6. एम.संगमेश्वरम्, अन्नमाचार्य और सूरदास - पृ.57
7. एम.संगमेश्वरम्, अन्नमाचार्य और सूरदास-पृ.58
8. एम.संगमेश्वरम्, अन्नमाचार्य और सूरदास-पृ.59
9. एम.संगमेश्वरम्, अन्नमाचार्य और सूरदास-पृ.59
10. डॉ.मलिक मुहम्मद, आलवार भक्तों का तमिल प्रबंधम् और हिंदी कृष्णकाव्य-पृ.20-30
11. एम.संगमेशम्, अन्नमाचर्य और सूरदास-पृ.69

## दक्षिण का वैष्णव भक्ति साहित्य भक्त कवि अन्नमाचार्य :

12. नागराजा राव, Instruction of Vedanta-पृ.131

13. आर.जी.भंडारकर, शैविज्म वैष्णविज्म आदि- -पृ.73

14. एम.संगमेशम्, अन्नमाचार्य और सूरदास-पृ.71

15. आंध्र विज्ञान सर्वस्वमु-भाग-3-पृ.272

16. एम.संगमेशम्, अन्नमाचार्य और सूरदास-पृ.74

17. दुर्गाशंकर मिश्र, भक्ति काव्य के मूल स्रोत-पृ.174

18. श्री जगन्नाथ दास गोविंददास का लेख, आंध्र प्रभा साप्ताहिक (तेलुगु), तारीख-18.05.1966

19. अन्नमाचार्य-जीवुडेंतटि वाडु चितमें तडिदि। दैविकमु गडव नेंतटिवाडु दानु-1-अ.सं.392

20. अन्नमाचार्य-भूमितो प्रपंचमेलल पुट्टिठिचिन देवुडु, आमीदि पारुपत्यान कंदुकोनंडा।। नाम मात्रपु जीवुलमु नडुमंत्रान वचि। मेमु कर्तलमनुचु निगिडेमुगाक।। अ.सं.गा-32

21. इंदिवेलुपु वेंकटेशु गोलवक परुल .........

22. अन्नमाचार्य-अ.सं.2-104, वेंट दिसगुह वोड विडिचि वदलिनइटुल

*******************************************

# चतुर्थ अध्याय

# अन्नमाचार्य के पद-साहित्य में बालकृष्ण- लीला वर्णन

पुराणों की मुकुटमणि 'श्रीमद्भागवत' में बालकृष्ण की लीलाओं का मनोहारी चित्रण है। स्कंदपुराण के अनुसार-''श्रुति, स्मृति हि नेत्रे द्वे पुराणं हृदयं स्मृतम्।'' श्रीमद्भागवत परमार्थ वस्तु निर्णायक भक्ति और मुक्ति समन्वित ग्रंथ है और दशम स्कंद उस भागवत् पुराण का हृदय है। भक्त जनों का शिरोधार्य पावन ग्रंथ है। श्रीमद्भागवत की कृष्ण की दिव्य लीलाएँ चंचल मन को स्थिर करती है, मनुष्य को अन्तर्मुखी बनाती है, परमात्मा के प्रति प्रेम उत्पन्न करती है और संसार के प्रति वीतराग बनाती है। वल्लभाचार्य के शब्दों में ''श्रीमद्भागवत प्रति पद वर भावांशु भूषिता मूर्ति'' है। तात्पर्य है- श्रीमद्भागवत का प्रत्येक पद वर (श्रेष्ठ-सुन्दर) भावमयी किरणों से अलंकृत साकार है।

श्रीमद्भागवत में यशोदा शुद्ध भक्ति की प्रतीक है। श्रीकृष्ण में पुत्र भावना संपन्न एवं नित्य प्रेममय नंद-यशोदा माता-पिता है। पुत्र भावना ही वात्सल्य-प्रेम है। उनका वात्सल्य प्रेम ही कारण है कि उनके घर में भगवान का पुत्र रूप में आविर्भाव हुआ। यह दंपती श्रीकृष्ण के साथ चिरंतन, नित्य एवं शाश्वत है। गोकुल की सभी लीलाएँ शाश्वत एवं नित्य है। वे काल से परे हैं। ब्रह्मा का वरदान एक बहाना मात्र है। गोकुल के समस्त जन, नन्द-यशोदा,

गोपी जन-इन सबका 'भूरि-भाग्य' लीला पुरुष की लीलाओं के सहभागी एवं साक्षी रहे थे।

**अहो भाग्य महोभाग्यं नन्द गोप व्रजौकसाम्।**
**यन्मित्र परमानन्द पूर्णब्रह्म सनातनम्।।**[1]

गोकुलवासी श्रीकृष्ण के सान्निध्य सुख से परिपूर्ण थे। अलौकिक होने पर भी भगवान श्रीकृष्ण ने भक्त जनों के आनंद का धरती पर विस्तार करने हेतु लौकिक होने का अभिनय किया। श्रीकृष्ण को अपनी ईश्वरीय लीला से अधिक आनन्द लौकिक लीला में ही मिलता है। उस आनंद की अनुभूति को सबके लिए आस्वाद्य बनाने के लिए श्रीमद्भागवत् की रचना की गयी थी-

**''प्रपंचं निष्प्रपंचोऽपि विडम्बयसि भूतले।**
**प्रपन्नजनतानन्दसन्दोहं प्रथितुं प्रभो।**[2]

भक्तों के अधीन होने के अपने गुण को स्पष्ट करने के लिए भगवान कृष्ण के रूप में वात्सल्य, प्रेम एवं सख्य के अनुरूप प्राकृत लीलाओं से भक्तों को अनुरंजित करता है।

**''दर्शयं स्तद्विदां लोक आत्मनो भृत्यवश्याताम्।**
**व्रजस्येवाहम वै हर्षं भगवान् बाल चेष्टितैः।।**[3]

''इस जगत् में श्रीकृष्ण ईश्वर ज्ञान संपन्न भक्तों के समक्ष इस भाव को प्रकट करता है कि वह भृत्यों के अधीन है। उसके अनुरूप बाल-चेष्टाओं से ब्रजवासियों को आनंदित करता है।''

अन्नमाचार्य से पूर्व दाक्षिणात्य ब्राह्मण बिल्वमंगल/लीलाशुक ने 12-13 शताब्दी के बीच 'श्रीकृष्णकर्णामृत' की रचना की थी। इसमें बालकृष्ण की रूप-माधुरी एवं लीलाओं का विस्तार से चित्रण मिलता है। यह संस्कृत में प्रणीत अनुपम रचना है। यह पत्रशायी शिशु कृष्ण की बाल-सुलभ चेष्टा का सुंदर चित्रण देखने योग्य है। कमल के समान हाथ से कमल के समान चरण पकड़ा कर ,कमल के समान मुख में रखते हुए , अंगूठा चूसते हुए वटपत्र पर शयन करनेवाले बालकृष्ण को मैं मन से स्मरण करता हूँ –

**''करारविंदेन पदारविंदं मुखारविंदे विनिवेशयन्तम्**

**वटस्य पत्रस्य पुटे शयानं बालं मुकुन्दं मनसा स्मरामि।[4]**

**श्रीकृष्णकर्णामृत का एक श्लोक जिसमें बालक श्रीकृष्ण के सौंदर्य का मनमोहक चित्र किया गया -**

**''अभिनव नवनीत स्निग्धमापीत दुग्धं**

**दधि कण परिदिग्धं मुग्धमंगं मुरारेः।**

**दिशतु, भग्नकृच्छ च्छेदितापिच गुच्छं**

**च्छवि नव शिखिं पिच्छालांच्छितं वांछितं नः।।''[5]**

सद्यः निकाले गये मक्खन से, दधिकणों से आच्छादित एवं स्निग्ध (गाढ़ा) दूध से शोभित शरीर की कांति और सिर पर मोर पंख के गुच्छों से सुसज्जित केश-राशि के साथ शोभायमान बालकृष्ण हमारी मनोकामनाओं को पूरा करें।

दही-माखन-चोरी के कारण गोपियों के द्वारा कृष्ण की शिकायतों से खीजकर यशोदा क्रोधित होकर ऊखल से बांध देती हैं-

**''घोष प्रघोष शमनाय मथोगुणेन**

**मह्मे बबन्ध जननी नवनीत चोरम्।**

**तद्बंधनं त्रिजगतामुदराश्रयानां**

**आक्रोध कारणमहो नितरां बभूव।।''[6]**

बालकृष्ण के उदर को ऊखल से रस्सी से बांधने के कारण तीनों जगत् के प्राणियों के लिए आक्रोश हुआ। दामोदर कृष्ण विष्णु का अवतार ही हैं। इस श्लोक में यह संकेत मिलता है।

निम्नलिखित श्लोक में बाल सुलभ उत्सुकता, बाल (मनोविज्ञान) स्वभाव से परिचित यशोदा की चतुरता आदि का सुंदर चित्रण है-

**''कालिन्दीपुलिनोदरेषु मुसली यावद्गतः-खेलितुं**
**तावत् कार्पारिकं पयः पिब वर्धिष्यते ते शिखा।**
**इत्थं बालतया प्रतारणपराः श्रुत्वा यशोदा गिरः**
**पायान्नस्स्वशिखां स्पृशन् प्रमुदितः क्षीरोर्द्ध पीते हरिः।।''[7]**

यशोदा ने बालक कृष्ण से कहा-हे कृष्ण! तुम्हारा भाई बलराम यमुना के कछारों में खेलने गया। उसके आने से पहले तुम इस पात्र का दूध पी लो। तुम्हारी शिखा बढ़ेगी। इन प्रिय वचनों से यशोदा मनुहार कर रही थी। बालकृष्ण तुरंत पात्र ले लेते हैं और आधा दूध पीकर ही टटोलकर देखने लगते हैं कि शिखा बढ़ी या नहीं। इस प्रकार की मनमोहक चेष्टाओं से मनभावन श्रीकृष्ण हमारी रक्षा करें।

तेलुगु में पोतना ने श्रीमद्भागवत का अनुसृजन किया। उसमें कृष्ण की बाल लीलाओं का हृदयावर्जक चित्रण मिलता है। हिंदी में सूरदास ने श्रीकृष्ण की बाल लीलाओं का मनमोहक चित्रण किया।

**अन्नमाचार्य का पद साहित्य-वात्सल्य चित्रण**

यह ध्यातव्य है कि तेलुगु के 'पद-कविता पितामह' अन्नमाचार्य सूरदास के पूर्ववर्ती आचार्य है। उनका जीवन काल (1408-1503) 15 वीं शताब्दी माना जाता है। दक्षिण की भाषाओं में सर्वप्रथम अन्नमाचार्य ने तेलुगु में पदरचना की थी। पद रचनाकार अन्नमाचार्य महान् भक्त थे। तिरुपति वेंकटेश्वर बालाजी की अनन्य भक्ति परवशता में राम, कृष्ण एवं परब्रह्म के अवतार रूप में उनको मानकर पद गायन किया। उन्होंने अपने पदों में काव्य और संगीत के समन्वय साथ अपने सुंदर गायन शैली में तेलुगु साहित्य को समृद्ध किया। स्वयं पद रचनाकार, संगीतकार एवं गायक होने के कारण तेलुगु में उन्हें 'वाग्गेयकार' कहते हैं।

हिंदी साहित्य के महान् कवि सूरदास के बारे में आलोचकों का मत है- ''यह सत्य है वात्सल्य और श्रृंगार के क्षेत्रों का जितना अधिक उद्घाटन सूर ने अपनी बंद आंखों से किया उतना किसी और कवि ने नहीं। इन क्षेत्रों का कोना-

### प्रो. माणिक्यांबा 'मणि'

कोना झांक आये। उक्त दोनों रसों के प्रवर्तक रति भाव के भीतर की जितनी मानसिक वृत्तियों, दशाओं का अनुभव एवं प्रत्यक्षीकरण सूर कर सके उतना कोई नहीं।"8 अन्नमाचार्य के संदर्भ में भी यह उक्ति शत-प्रतिशत सटीक लगती है।" जैसे उत्तम और सच्चा बाल चित्रण इस महाकवि सूरदास ने लिखा है, वैसा संसार भर के किसी ग्रंथ में हम लोगों ने अद्यावधि नहीं देखा।"9

विश्व साहित्य को छोड़ भी दें तो हम भारतीय भाषाओं का परिचय पाते हैं तो अद्यावधि सूरदास से पूर्व भारतीय भाषाओं में विशेषकर दक्षिण भारतीय भाषाओं में सूरदास से पूर्व अन्नमाचार्य हुए थे जिन्होंने कृष्ण की बाल-लीला एवं श्रृंगार लीलाओं की मर्मस्पर्शी और मधुर पद-रचना की थी और स्वयं भगवान श्रीवेंकटेश्वर मंदिर में प्रभु के सम्मुख गायन करते थे। सूरदास के समकालीन कन्नड़ भाषा के पद रचनाकार, संगीतज्ञ, गायक पुरंदरदास (1484-1564) ने भी कृष्ण की बाल लीलाओं का सुंदर चित्रण किया। अन्नमाचार्य अपने पदों के स्वयं गायक एवं संगीतकार थे। अनेक राग रागिनियों में ये पद आज भी गाये जाते हैं। इनकी विशेषता यह है कि भरतनाट्यम् एवं कूचिपूडि की नृत्य शैलियों में इनका रंगमंच पर प्रस्तुतीकरण भी होता है।

अन्नमाचार्य की भक्ति का आधार श्री वेंकटेश्वर बालाजी (तिरुमल तिरुपति) हैं। उनके अनुसार श्री वेंकटेश्वर सकल देवताओं का साकार रूप समस्त जग का आधार समस्त वेदों को अपने गर्भ में धारण करने वाला समुद्र समान गंभीर, सकल आत्माओं को परवश करनेवाला परमात्मा परम पुरुष है। हमारे जैसे शरणागतों के लिए वत्सल श्रीवेंकटाधिपति ही यशोदा के शिशु के रूप में धरती पर अपनी लीलाओं से आह्लादित कर रहे हैं। इसमें सूर्य और चंद्र का प्रकाश समाया हुआ है और ब्रह्मा का पिता भी यही है-

"चेरि यशोदकु शिशुवितडु
धारुणि ब्रह्मकु तंड्रियु नितडु।
सोलसि जूचिननु सूर्यचन्द्रुलनु

**कलि वेदजल्लु लक्षणुडु।।**
**नीटुग नूर्पुल निखिल वेदमुलु**
**चाटुव नूरेटि समुद्रुडितडु।**
**मुंगिट पोलसिन, मोहनमात्मल**
**पौंगिंचे घन पुरुषुडु।**
**संगति मावंटि शरणागतुलकु**
**अंगमुश्रीवेंकटाधिपुडितडु।।चेरि यशोदकु।।"[10]**

इस प्रिय 'शिशु' के बारे में एक पद इस प्रकार है - वट पत्र पर सोनेवाला यह शिशु विलक्षण है –

**"अब्बुरपु शिशुवु, आकुमीदि शिशुवु**
**पुट्टिशंख चक्रमुलु बुट्टिन ई शिशुवु**
**पुट्टुक तोल्ले मारु पुट्टकु शिशुवु**
**वेगिन वेंकटगिरि वेलसिन शिशुवु**
**कौगिट इंदिर पोलगनि शिशुवु।"[11]**

अन्नमाचार्य कहते हैं कि यह शिशु आश्चर्य चकित कर देता है क्योंकि वह पत्ते पर सोता है, ऊखल को खींच लेता है। यह शिशु शंख और चक्र लेकर जन्म लेता है। झूले में जो शिशु है वह तुरंत वेंकटाचल का अधिपति बन कर जन्म लेता है और आलिंगन में लक्ष्मी भी साथ रहती है। वटपत्र पर शयन करनेवाले शिशु को ऊखल को खींचते देख अन्नमाचार्य और आश्चर्य चकित हो जाते हैं। शंखचक्र के साथ जन्म लेने वाले शिशु पर मोहित होकर गाते हैं-

**"जो जो अनि जोल पाडरे**
**साजपु जयन्तिनेडे सफल मिंदरिकि**
**अदे चन्द्रोदयमाये हरि अवतारमदे**
**मोदलु जातकर्मलु सेयरे।**
**अदन पुत्रोत्सवमट पुण्यावहमु चेरिन**
**कदलि इटु नामकरणमु चेयरे।।"**

**कदलि इटु नामकरणमु चेयरे।।**[12]

गोपियाँ लोरी गाते हुए बता रही है-"शिशु कृष्ण का जन्म हुआ। हमारा जन्म सफल हुआ। यह साक्षात् विष्णु का अवतार है, जन्म लिया है तो पहले जातक कर्म कर लो। उसके बाद पुण्यावहम् करना, उसके बाद नामकरण कर आनंदोत्सव मनायेंगे।"

एक लोरी और है जिसमें बाल कृष्ण की माँ वात्सल्य भरी लौकिक प्रत्यक्ष रूप के साथ उसकी अनंत महिमा का भी स्मरण कर रही हैं। यहाँ यशोदा के रूप में अन्नमाचार्य स्वयं को भावन करते हैं।   अन्नमाचार्य यहाँ राम और कृष्ण में अभेद को भी अनुभव करते हैं-

"जो अच्युतानन्दा, जो जो मुकुंदा। रावे परमानंद राम गोविंदा।। जो जो।।

अंगजुनिगन्ना मा यन्न इटु रारा, बंगारु गिन्नेलो पालु पोसेरा।

दोंग नीवनि सतुलु पोंगुचुन्नारुरा मुंगिट नाडरा मोहनाकारा।। जो जो।।

गोवर्धनंबेल्ल गोडुगुगा पट्टि, कावरमुन नुन्न कंसु पडगोट्टि

नीवु मथुरापुरमु नेल चेबट्टि, ठीवि तोनेलिन देवकी पट्टि ।।जो जो।।[13]

इस पद का तात्पर्य है -

हे मुकुंद! हे आनंद देने वाले अच्युत!

सो जाओ... हे राम गोविंद!

हे परमानंद स्वरूप! इधर आओ।

मैंने तेरे लिए सोने के कटोरे में दूध डाला है।

सारी गोपियाँ तुझे माखन चोर कह रही हैं,

मेरे मन मोहन! रे! तू हमारे आंगन में ही खेलना।"

यहाँ से यशोदा के सहज वात्सल्य के साथ परम भक्त अन्नमाचार्य का भक्ति भाव एकाकार हो जाता है और कृष्ण की महिमा का वर्णन होने लगता है।

(जो जो का तात्पर्य है-सो जा)

"तूने गोवर्धन पर्वत को ही छाता बनाकर गोकुल की रक्षा की थी। मदांध मामा कंस को धराशायी बनाकर तूने मथुरा नगरी को अपना बनाया। हे देवकी सुत्! तूने बड़े ठाट से शासन किया। हे महिमा समन्वित्! आज तू बाल रूप में मेरे सामने है। सो जाओ। बाल कृष्ण की प्रभात सेवा में जागरण के गीतों में भी माँ का वात्सल्य स्पष्ट परिलक्षित है। वह जानती है कि उसके पुत्र के रूप में आदि पुरुष साक्षात् विष्णु ही है। वात्सल्यातिरेक में यह बात भूल जाती है एक साधारण माँ की तरह बच्चे को जागृत करने लगती है।

**"हरि कृष्ण! मेलुकोनु आदि पुरुष।**
**तरुवात ना मोमु तप्पक चूडु।**
**मेलुकोनु नायन मेल्लने, नी तोडि**
**बाललन्दरू पिलिचेरू बडि नाड।**
**चालुनिक निद्दुर चद्दि पोद्दु**
**वेलाये ना तंड्रि मेलुकोवे।।**
**।।हरिकृष्ण मेलुकोनु।।**[14]

'हे हरि! हे कृष्ण! हे आदि पुरुष! जागो! जागो, जागने के बाद मेरी ओर इधर अवश्य देखो। हे मेरे लाल! धीरे-धीरे से जाग जाओ! तेरे पूरे साथी बालक खेलने के लिए बुलायेंगे। अब तक सोया, अब बस उठ जाओ। मेरे लाल ! जल्दी उठो, कलेवा खाने का समय भी हो गया है।"

अन्नमाचार्य ने इस पद में ब्रह्मादि को भी माखन-दधि-दूध के चोर के पास आकर गाते हुए दिखाया। इस स्वामी के साथ कलेवा खाने सनक-सनंद आदि ऋषि मुनि भी आ गये हैं-

**"पाल दोंगे वद्द वच्चि पाडेरु तम पालिट दैवमनि ब्रह्मादुलु।**
**मुद्दुल मोमुन गार मूल मूलल दागे सद्दुलु**

**बालुनि वद्द पाडेरु**
**अद्दिवा श्री वेकंटाद्रि ईशुडितडनि**
**चद्दिकि वेडिकि वच्चे सनकादुलु।।[15]**
**"परम पुरुषुडु गोपाल बालुडैनाडु,**
**श्रीदेवि पालिट चेलगे निधानमु**
**मुरहरुडु एदुट मुद्दुलिडिनदिवो**
**सेद दीरि यशोदकु शिशुवायेनितडु।"**

अन्नमाचार्य आश्चर्य से देखते हैं-'मुरा राक्षसी को समाप्त करनेवाला और यशोदा के वात्सल्य भरे चुंबनों से विश्राम पानेवाले बालक कृष्ण के रूप में, वह श्रीनिधान, परम पुरुष ही हैं जो आज बाल गोपाल बनकर नयनोत्सव का कारण बना है।

एक पद में बाल गोपाल का नयनाभिराम चलचित्र जैसा दृश्य प्रस्तुत करते हैं। काव्य-भाषा में इसे गत्यात्मक बिंब भी कह सकते हैं-

**"मुद्दुलु मोमुन मुंचगनु**
**निद्दपु कूरिमि मिंचीनु।**
**मोल चिरुगंटलु मुव्वलु गज्जलु**
**गल गल मनगा कदलगनु**
**एल नव्वुलतो ईतडु वच्चि**
**जलजपु चेतुलु जाचीनु**
**अच्चपु गुच्चु मुत्याल हारमुलु**
**पच्चल चंद्राभरणमुलु**
**चाचिन चेतुल ताने दैवमनि**
**अद्दरि इद्दरि आडीनि**
**बालुडु कृष्णुडु परमपुरुषुडु**
**नेलकुनिंगिकि नेरि पोडवै**
**चाल वेंकटाचलपति तानै**
**मेलिमि चेतल मिंचिनि।। मुद्दुलु मोमुन।।16**

इस पद में सरल-सहज मधुर तेलुगु भाषा के सौंदर्य के साथ भाव सौंदर्य का भी अनुपम संयोजन है। बालक कृष्ण का सौंदर्य, उसकी चेष्टाएँ, उसकी वेशभूषा का वर्णन करते करते अन्नमाचार्य यह कहना भूलते नहीं कि यह बाल कृष्ण परम पुरुष विष्णु ही है जो अब स्वयं वेंकटाचलपति के रूप में विराजमान है।

पद का तात्पर्य इस प्रकार है-कटि प्रदेश में नन्हीं सी घंटियाँ, घुंघरू, चरणों में नूपुर के रुनझुन के साथ दौड़ते हुए, मन को लुभानेवाली हंसी के साथ यह बाल कृष्ण आता है तो माँ यशोदा पूरे लाड प्यार से उसका चेहरा चुंबनों से भर देती हैं। उसके गले में स्वच्छ मोतियों के हार और मरकत मणियों के आभरणों के साथ भगवान का बाल स्वरूप बनकर इधर उधर नाचता है। यह बाल कृष्ण ही स्वयं परम पुरुष है जो धरती से आकाश तक विस्तार पाकर इस युग में वेंकटाचलपति (श्री वेंकट +अचलपति) के रूप में इस युग में मानव कल्याण के लिए विराजमान है।

अब यशोदा का शिशु थोड़ा बड़ा हो गया है। अडोस-पडोस की गोपियों के घरों में दधि-माखन खाने में चतुर बन गया है। इस माखन-चोर को पकड़ने के लिए आतुर गोपियों का उसी के साथ संवाद का सुंदर दृश्य है-

**"इट्टि मुद्दुलाडि बालुडेड वानि, पट्टि तेच्चि पोट्ट निंड पालुवोयरे।**
**कामिडै पारिर्देचि कागिडि वेन्नललोन चेमपूवु कडियाल चेयिपेट्टि।**
**चीम गुट्टेननि चेक्किट कन्नीरु जार वेमरु वापोय वेड्ड पेट्ट रे।**
**मुच्चुवले वच्चि तन मुंगमुरुमल चेयि तयेडि पेरुगुलोन तग वेट्टि।**
**नोच्चेननि चेयिदीसि नोरुनेल्ल जोल्लुगार वोच्चेलि वापोयुवानि नूरडिंचरे।**
**एप्पुडु वच्चेनो मा इल्ल जोच्चि पेट्टेलोनि चेप्परानि उंगराल चेयिपेट्टि**
**अप्पडैन वेंकटाद्रि आनवालकुडु गान तप्पकुंड बेट्टेवानि तल केत्तरे।।**[17]

इस पद में एक गोपी कहती है-

''हमारा लाडला वह प्यारा कन्हैया कहाँ है? उसको पकड़कर लाओ और पेट भर दूध पिलाओ। कहीं से दौड़ आता और फूलों की नक्काशीवाले सोने के कड़े पहने हाथ को (नवनीत) माखन के पात्र में डालता है। मैंने हाथ पकड़ लिया तो बड़ी चतुरता से चींटी के काटने का बहाना बनाकर कपोलों पर आंसुओं की धारा बहानेवाले को अच्छी तरह पकड़ो। छुपते-छुपते आकर मूंगों से जड़े कंकणों से सजे अपने हाथ को दही में रखते हुए मैंने देखा और मैंने हाथ पकड़ लिया तो वह बहाना बनाता है कि उसका हाथ दर्द दे रहा है कहते हुए हाथ बाहर निकालता है और मुंह से लार टपकाता है। जो रोते जा रहा है उसको शांत करो। हमारे घरों में कब आता है, पता ही नहीं चलता और अपनी सुंदर अंगूठियों से भरा हाथ पेटी में रखता है। मैं कहती हूँ दूध और दही की मटकियों से भरे सन्दूक को उसके सिर पर ही रख दो जो अब वेंकटाद्रि पर विराजमान है।

**मुद्दुगारे यशोदा मुंगिट मुत्यमु वीडु दिद्दरानि महिमल देवकी सुतुड्डु।।**

**अंतनिन्त गोल्लेतल अरचेति माणिकमु पन्तमाडे कुंसुनि पलि वज्रमु।। मुद्दुगारे।।**

**कान्तुल मूड्डु लोकाल गरुड पच्च पूस, चेन्तलो मालो नुन्न चिन्नि कृष्णुड्डु।**

**रति केलि रुक्मिणिकि रंगुमोवि पगडमु मिति गोवर्द्धनपु गोमेधिकमु।।**

**सतमै शंखु चक्राल संदुल वैदूर्यमु गतियै मम्मु गाचे कमलाक्षुड्डु।**

**कालिंगुनि तललपै कप्पिन पुष्परागमु येलेटि श्री वेंकटाद्रि इंद्रनीलमु।**

**पाल जलधिलो पायनि दिव्यरत्नमु बालुनिवले तिरिगे पद्मनाभुड्डु।। मुद्दुगारे।।**[18]

(यह पद अद्‌तन भरतनाट्‌यम्‌ एवं कूचिपूडि शैली में प्रसिद्ध नृत्य रूप में है)

बालक कृष्ण की अद्भुत लीला का नवरत्नों की उपमाओं के साथ सुंदर चित्रण किया गया है-

'यशोदा का यह प्यारा लाडला उसके आंगन में स्वच्छ मोती जैसा चमक रहा है। देवकी पुत्र की अद्भुत लीलाओं का वर्णन नहीं किया जा सकता है।' यह बालकृष्ण तो गोप बालाओं के साथ हाथ में माणिक्य जैसा शोभायमान है, वहीं बालकृष्ण कंस के लिए वज्र के समान है। जितना कोमल है, उतना ही कठोर भी है। तीनों लोकों को कांति से भर देने वाला मरकतमणि के समान सामने यह बालकृष्ण हमारे बीच अपने हरित प्रकाश से विद्यमान है। यह कृष्ण रति केलि के समय रुक्मिणी के प्रवाल समान अधरों के साथ है और वह बालकृष्ण बनकर गोवर्धन को छाता बनाकर हमारी रक्षा करते समय गोमेधिक समान प्रकाश बिखेर रहा था। अपने विराट रूप में कृष्ण ने अपने शंख और चक्र के बीच वैदूर्य के साथ तेजोदीप्त है। वह कमलनयन बालक कृष्ण बनकर हम शरणागतों की रक्षा कर रहा है। बालकृष्ण के कालिय-दमन के समय उसके सिर पर पुष्यरागमणि के समान प्रकाशमान है। वहीं इस समय श्री वेंकटाद्रि पर वेंकटेश्वर के रूप में इंद्रनीलमणि के समान शोभायमान है। यह कृष्ण ऐसा दिव्य रत्न है जो क्षीर सागर में भी उपलब्ध नहीं होता। वह पद्मनाभ आज यशोदा के आंगन में नन्हा-सा बालक बनकर मन को लुभा रहा है। संस्कृत में रचे गये निम्न पद में नवनीत चोर में आगम -निगम में वर्णित महिमा के अपार समुद्र के स्वरुप श्री महाविष्णु को देखते है। वह कमलनयन, गुणनिधि, वासुदेव, नंद गोप सूत ही जो यहाँ वेंकटेश्वर के रूप में शोभायमान है, उस को प्रणाम करता हूँ –

**''नवनीत चोर नमो नमो! नव महिमार्णव नमो नमो!**
**निगम गोचर विष्णु नीरजाक्ष वासुदेव नगधर नन्दगोप नमो नमो!**
**श्रीकर गुणनिधि श्रीवेंकटेश्वर, नाकजन नुत नमो नमो।''**[19]

अन्नमाचार्य ने श्रुति मधुर पदावली में अनेक पदों की रचना संस्कृत में की थी। निम्नलिखित पद में संस्कृत भाषा-सौंदर्य के साथ कृष्ण की रूप-माधुरी दर्शनीय है-

**''भावयामि गोपाल बालं मनस्सेवितं तत्पदं चिंत्तयेयं सदा।।**

**कटि घटित मेखला खचित मणिघंटिका पटल निनदेन विभ्राजमानम्।**

**कुटिल पद घटित संकुल शिंजितेन तं चटुल नटना समुज्ज्वल विलासम्।**

**निरत कर कलित नवनीतं ब्रह्मादि सुर निकर भावना शोभित पदम्।**

**तिरुवेंकटाचल स्थितं अनुपमं हरिं परम पुरुषं गोपाल बालम्।। भावयामि।।''**[20]

मैं उस बालकृष्ण की आराधना करता हूँ, जिसका मैं मन से सेवा करता हूँ , निरंतर उनके चरणों का ही स्मरण करता हूँ और मैं उस बालकृष्ण का भावन करता हूँ जो अपने कटि प्रदेश की करघनी जिसमें मणियों से जड़ी घंटिकाएँ लगी हैं ,उनकी मधुर ध्वनि के साथ ,पीतांबर से सजा हुआ सुशोभित है। चरणों की चित्र विचित्र गति के कारण समूचे आभरणों से उत्पन्न ध्वनि एवं अभिनय कौशल के विलास से जो प्रकाशित है, उस बाल कृष्ण का मैं भावन करता हूँ। निरंतर जिसका हाथ नवनीत के साथ है, ब्रह्मा आदि देवता वृंद जिन चरणों का ध्यान करते हैं, उस बालकृष्ण का मैं भावना करता हूँ।

अन्नमाचार्य कहते हैं-परम पुरुष हरि जो वेंकटाद्रि पर स्थित हैं, उसमें मैं अनुपम बाल गोपाल के रूप का मेरी आँखों के सामने भावन करता हूँ और आराधना करता हूँ।

आगे के पद में अन्नमाचार्य बाल कृष्ण की लीलाओं का गान करते हुए-

**''नंदगोप नंदनुडे नाटि बालुड्रु इंदुनेडे रेपल्ले नेचि पेरिगोनु**

**पुव्वुवंटि मर्रियाकु पोतिलि बवलिंचनेर्चि एव्वडे कानि तोल्लि ई बालड्रु**

**मुवर्वोक वेदमुल मुद्दुमाटलाडनेर्चि**

**नेव्वरु कोंतनेर्प नेटिकि वीनिकि**

**मंचिवेन्न बुव्वलिपुड्ड मलसि आरगिंच नेर्चि।। नंद।।''[21]**

वह परम पुरुष नंदनंदन के रूप में नंद गांव में बड़ा हो रहा है जो वट पत्र पर शयन करनेवाला शिशु है। वह जो वेदों की रक्षा करता है आज मीठी-मीठी बातें करता है, कोई इसे बातचीत करना सिखाने की जरूरत नहीं। अब तो वह नंदगोप के घर में प्रेम से मक्खन-भात भी खाने लगा है।

अन्नमाचार्य ने अपने पदों में बालकृष्ण की माखन-दधि-चोरी के प्रसंगों में कृष्ण की बाल लीला एवं यशोदा के वात्सल्य का मनमोहक चित्रण किया।

**''कनरटे पेंचरटे कट कटा बिड्डलनु नेनु मीवलेने कंटिने नेय्यमैन बिड्डनु**

**मी इन्ड्ल जतनालु मीरु चेसुकोनक पायक दूरे रेल प्रति लेनि बिड्डनु।।**

**बायिट पारवेसिन पालु वेन्नलनु, चेयिवेट्टकुंदुरा चिन्निबिड्डलु।।''[22]**

शिकायत करने आयी गोपियों को यशोदा ने उत्तर दिया-

''क्या आप सब लोगों ने बच्चों को जन्म नहीं दिया? दिया है न? इसी प्रकार मैंने भी इसको जन्म दिया। बाहर फेंक दिये जैसा माखन और दूध रहते हैं तो छोटे बच्चे क्या हाथ नहीं डालते? आप लोग अपने घरों में जतन से नहीं रख सकें और बेकार में इस अनुपम बालक के बारे में बहुत सारी शिकायतें कर रही हैं।'' इस पद में यशोदा का तर्क और झुंझलाहट बहुत सुंदर रूप में व्यक्त होते हैं और वात्सल्य के कारण बालक को बचाने का मार्ग भी खोज लेती है और अपने बालक की निर्दोष स्थिति को भी अच्छी तरह स्पष्ट करती है।

**''मोत्तकुरे अम्मलाल मुद्दुलाड्डु वीडे मुत्तेमुवले नुन्नाड्डु मुद्दुलाड्डु।।**

**चक्कनि यशोदा तन्नु सलिगे तो मोत्तरागा मोल्लबोयि काल्लकु मुद्दुलाड्डु।**

**वेक्कसान रेपल्ले वेन्नलेल्ल मापुदाका मुक्कुल नय्यगा दिन्न मुद्दुलाडु ।।मोत्तकुरे।।**

**सव्वेडि राल्लदल्लि रोलतन्नु गट्टेनंट मुव्वल गंटलतोडि मुद्दुलाडु**

**नव्वेड़ी चेक्कुलनिंडा नम्मिक बालुनिवले मुव्वुरिलो नोक्कडैन मुद्दुलाडु।। मोत्तकुरे।।**

**वेल संख्यल सतुल वेंटबेट्टुकोनि रागा मूल जन्नुकुडिचीनि मुद्दुलाडु**

**मेलिमि वेंकटगिरि मीदनुन्नाडिदि वच्चि मूलभूति तानैन मुद्दुलाडु।।**

**मोत्तकुरे।।"[23]**

उपरिलिखित पद में कृष्ण के बाल लीलाओं का चित्रण है। अन्नमाचार्य गोपी भाव से तादात्म्य पाकर स्वयं को गोपी मानते हुए अन्य गोपांगनाओं से कहते हैं-इस बाल कृष्ण का रूप स्वच्छ मोती के समान मनमोहक है। भले ही थोड़ा नटखटपन है फिर भी मुग्ध करनेवाला उसका रूप देखकर उस पर कैसे हाथ उठा सकती है। उस पर लाड-प्यार ही आता है। गोपियों की शिकायतों को सुन कर यशोदा मारने के लिए हाथ उठाती है, तुरंत बालक कृष्ण क्षमायाचना करते हुए चरणों पर गिरता है। उसकी इस चेष्टा को देखकर अपना सारा गुस्सा भूल कर बाल कृष्ण को चूमने लगती हैं। फिर निश्चिंत होकर नंदकिशोर अपने मित्रों के साथ पेट भर माखन चुराकर खाने लगता है। पुनः गोपांगनाओं के शिकायत करने पर यशोदा ने बालक कृष्ण को ओखली से बांध दिया। अब बालकृष्ण रूठ गया और छोटे-छोटे कंकड इधर-उधर फेंकने लगा। रूठे हुए उसके बाल रूप पर रीझ कर यशोदा बार बार चूमने लगती है। ऐसे अरुण कपोल और मन मोहक मंदहास तथा मृदु मधुर घटिकाओं से सुसजिज्जत मणि मेखला धारण कर निरंतर गोकुल में घूमनेवाला यह नंद किशोर केवल मात्र बाल नहीं है। सच तो यह है कि परम पुरुष ही इस रूप में हैं।

बड़ी संख्या में गोपांगनाएँ सब मिलकर शिकायत करने गयीं तो देखती हैं-वह बाल कृष्ण यशोदा की गोद में स्तनपान कर रहा है और यशोदा उसे

लाड़ कर रही है। वह बालक ही विशेष रूप से तिरुमल वेंकटाद्रि पर विराजमान होकर स्वयं मूलभूत दैव बनकर सबकी रक्षा कर रहा है।

**''ओ यम्म नी कुमारुडु**
**म इंड्ललु पालु पेरुगु मननीडम्मा।**
**पेयद मेक्कडिकैननु, मायन्नल**
**सुरभुलान, मंजुलवाणी!!    श्रीमद्भागवत (तेलुगु) पोतना**

श्रीमद् भागवतकार पोतना ने श्रीकृष्ण की बाल लीलाओं का विस्तार से वर्णन किया। यशोदा से गोपियाँ शिकायत करती हैं-''हे मधुरवाणी यशोदा! तुम्हारा लाडला बेटा बाल कृष्ण हमारे घरों में दूध-दही रहने ही नहीं देता। अपने बच्चों की टोली के साथ आता है पूरा माखन-दही खा लेते हैं। पता नहीं वह कब आता। हमारी गायों की सौगंध ! हम यह गाँव छोड़कर कहीं तो भी चले जाते हैं। श्रीमद्भागवत का अनुसृजन करते हुए पोतना( 15 वी शताब्दी ) ने बालकृष्ण की मनोमुग्धकारी लीलाओं का सुन्दर चित्रण किया। इस पर अन्यत्र विचार किया जाएगा।

अन्नमाचार्य ने अपने पद-साहित्य में बालकृष्ण की मनोहारी लीलाओं का चित्रण किया। कुछ पदों के उद्धरण के साथ अन्नमाचार्य के पद साहित्य में यशोदा का वात्सल्य भाव, कृष्ण की बाल लीलाओं की मनोज्ञता का परिचय दिया गया है।

***

**संदर्भ सूची :**

1. श्रीमद् भागवत 10-14-32
1. श्रीमद्भागवत-10-14-37
2. श्रीमद् भागवत् 10-11-9
3. बिल्वमंगल /लीलाशुक श्रीकृष्ण कर्णामृत -द्वितीयाश्वास श्लोक- सं- 58

## प्रो. माणिक्यांबा 'मणि'

4. बिल्वमंगल /लीलाशुक - श्रीकृष्ण कर्णामृत- द्वितीयाश्वास-श्लोक-सं–1
5. बिल्वमंगल /लीलाशुक श्रीकृष्ण कर्णामृत-द्वितीयाश्वास-श्लोक- 4
6. बिल्वमंगल /लीलाशुक श्रीकृष्ण कर्णामृतम्-द्वितीयाश्वास-श्लोक-सं.-61
7. आचार्य रामचंद्र शुक्ल, 'भ्रमर गीत सार' की भूमिका
8. मिश्र बंधु, हिंदी नवरत्न
9. लिरिक्स-इन-तेलुगु-हेच-टी.एम.एल अन्नमाचार्य पद-सं 14 (भारतरत्न एम. एस. सुब्बुलक्ष्मी ने मधुर रागिनी में इस पद को गाया जो अत्यंत लोकप्रिय एवं प्रसिद्ध है।)
10. उपरिवत अन्नमाचार्य-पद-सं .570
11. अन्नमाचार्य .लिरिक्स.ब्लॉगस्पॉट कॉम पद सं.407
12. अन्नमाचार्य संकीर्तनलु ... पद सं -2
13. उपरिवत अन्नमाचार्य ... संकीर्तनलु पद सं. 209
14. उपरिवत अन्नमाचार्य ...कीर्तनलु पद सं. 540
15. अन्नमाचार्य .लिरिक्स .ब्लॉगस्पॉट .कॉम– पद सं. 204
16. उपरिवत अन्नमाचर्य ... पद सं. 15
17. उपरिवत अन्नमाचर्य- पद सं. 1
18. उपरिवत अन्नमाचार्य पद सं. 293
19. उपरिवत अन्नमाचार्य पद - सं -38
20. उपरिवत अन्नमाचार्य पद 641
21. उपरिवत अन्नमाचार्य -पद- सं -209
22. उपरिवत अन्नमाचार्य पद-सं -5

**********************************

# पंचम अध्याय

# अन्नमाचार्य के पद-साहित्य में श्रृंगार रस की अभिव्यक्ति

बारहवीं शताब्दी से सोलहवीं शताब्दियों के बीच भारतीय भाषाओं में भक्ति मार्ग में परम पुरुष श्री कृष्ण की मधुर भक्ति की धारा ने समस्त भारत को आप्लावित किया। ये भक्त कवि पद रचनाकार ही नहीं थे स्वयं भाव विभोर होकर अपनी शैली में गायन भी करते थे। ये भक्त कवि संगीतज्ञ थे। अपनी रचना को स्वयं राग-रागिनी में बांधकर स्वयं गाते थे। ऐसे भक्त कवियों को तेलुगु साहित्य में 'वाक्+गेयकार'-वाग्गेयकार' कहा गया। इन सभी भारतीय पद रचनाकारों के लिए भारतीय दर्शन, अध्यात्म और राम-कृष्ण भक्ति संबंधी संस्कृत साहित्य उपजीव्य वाङ्मय रहा या कह सकते हैं कि सब के लिए नेपथ्य एक ही था। इसलिए इन सभी भक्त कवियों की रचनाओं में अखंड भारत की आत्मा का आविष्कार होता है। इन भक्त कवियों में अन्नमाचार्य तेलुगु भाषा में प्रथम पद रचनाकार माने जाते हैं। इसीलिए तेलुगु भाषी समाज में अन्नमाचार्य 'पद कविता पितामह' के रूप में प्रसिद्ध हैं।

भक्ति मार्ग के अन्य कवियों के समान भगवान की प्राप्ति ही अन्नमाचार्य का लक्ष्य था। श्री कृष्ण या वेंकटेश्वर की लीलाओं को आधार बनाकर उसमें मधुर भक्ति का भावन किया। इस प्रकार की रचनाओं में अन्नमाचार्य की रचना-प्रक्रिया की संवेदना और अभिव्यंजना परवर्ती कवियों के लिए प्रेरणा बनी। इन पदों की माधुर्यपूर्ण अभिव्यक्ति परवर्ती लाक्षणिकों के लिए 'मधुर भक्ति रस' को रस (श्रृगार, हास्य आदि) विशेष के रूप में

प्रतिपादित करने का आधार बना। मध्ययुग के भक्ति आंदोलन में अन्नमाचार्य ने पद गायन की प्रवृत्ति एवं मंदिरों में कीर्तन-पद्धति की परंपरा को प्रतिष्ठित किया और भक्त कवियों के लिए पथ-प्रदर्शन किया।

बारहवीं शताब्दी में ओडिशा में जयदेव ने संस्कृत में 'गीत गोविंद' लिखा था। उन गीतों को 'अष्टपदी' के रूप में गायन किया था। 'गीत गोविंद' मधुर भक्तिपूर्ण रचना है। 15 वीं शताब्दी में बलराम दास, जगन्नाथ दास, अनंत दास, यशोवंतदास ने उडिया भाषा में भक्ति भावपूर्ण पदों की रचना की थी। असम में शंकर देव (1449-1569) ने असमी भाषा में 'कीर्तनघोष' की रचना की थी। असम के माधव देव (1492) आदि ने भक्ति भावपूर्ण रचनाएँ की थीं।

बंगला भाषा में चण्डीदास को पहला वैष्णव-कवि माना जाता है। उन्होंने राधा-कृष्ण की श्रृंगार लीलाओं को पदों में प्रणयन किया। ज्ञानदास, गोविंददास, बलरामदास आदि ने अपने गीतों में वैष्णव भक्ति साहित्य को समृद्ध किया। बंग प्रदेश चैतन्य महाप्रभु (1486-1533) के आविर्भाव से भक्ति-रस-धारा से आप्लावित हो गया था। उन्होंने 'शिष्टाष्टक' एवं 'जगन्नाथ स्तोत्र' की रचना की। भक्ति साहित्य की रचना से अधिक उन्होंने अपनी अनन्य भक्ति भावना के द्वारा 'वैष्णव धर्म' का प्रचार-प्रसार किया।

बालाजी वेंकटेश्वर (तिरुपति) के अनन्य भक्त अन्नमाचार्य ने 32 हजार पद-पुष्पों से श्री विष्णु की आराधना की थी। पद-साहित्य में पहली बार अन्नमाचार्य के पदों में विलक्षण श्रृंगार रस का चित्रण हुआ था। अन्नमाचार्य से पूर्व संस्कृत के श्रीमद् भागवत, श्रीकृष्ण कर्णामृत एवं जयदेव की अष्टपदी में परब्रह्म श्रीकृष्ण का लौकिक भासित होने वाला श्रृंगार अलौकिक रूप से अभिव्यक्त हुआ। राधा का प्रसंग पहली बार लीलाशुक एवं जयदेव में राधाकृष्ण के प्रेम प्रसंगों के रूप में चित्रित हुआ था। भागवत में राधा नाम के स्थान पर 'अनयाराधितो नूनं...' एक विशेष गोपी के रूप में प्रसंग मिलता है। श्रृंगार रस चित्रण में जयदेव का प्रभाव अन्नमाचार्य की पद रचना में परिलक्षित होता है। दोनों भक्त कवियों ने गृहस्थ जीवन बिताया। इन दोनों

के श्रृंगार पद रचना में एक सहज सरस प्रवाह देखा जा सकता है। पूरी जगन्नाथ मंदिर में जयदेव अष्टपदी का गायन करते थे और अन्नमाचार्य बालाजी वेंकटेश्वर मंदिर में वैष्णव मंदिरों की प्रभात सेवा से लेकर सब सेवाओं के लिए पद रचना कर, गायन करते थे।

द्रविड वैष्णव भक्ति धारा से अभिन्न एक राधा-माधव भक्ति को अपने पद-बंधों में अनेक पदों में अभिव्यक्त करते हुए प्रेममय रूप में प्रस्तुत किया। मधुर भक्ति साहित्य के अनुपम रूप में साकार किया। अन्नमाचार्य के पदों में भक्ति-श्रृंगार का अभिनव मिलन, कृष्ण राधा के रूप में राग-ताल से समन्वित आकर्षक काव्यधारा में प्रस्तुत हुआ। राधा कृष्ण की श्रृंगार लीलाओं के साथ, कहीं वेंकटेश्वर एवं अलमेलमंगा के श्रृंगार का चित्रण, नायिका अलमेलमंगा के आनंदमय तन्मय दशा को देखकर अप्रस्तुत शैली में सखियों द्वारा संयोग के कारण उत्पन्न स्थिति का वर्णन मिलता है। , श्री वेंकटेश्वर एवं अलमेलमंगा की रूप माधुरी के चित्रण से समन्वित अन्नमाचार्य का पद साहित्य अभिनव सौंदर्यपूर्ण बिम्बों से भरा पड़ा है। इस श्रृंगार का चित्रण संस्कृत, तेलुगु और तेलुगु की लोकभाषा में भी अपनी काव्यमय शैली में किया। अन्नमाचार्य के संस्कृत भाषा में लिखे गये कुछ पद पढ़कर जयदेव की रचना का भ्रम होने की संभावना है। एक पद द्रष्टव्य है-

"राधामाधव रति चरितमिति-बोधावह श्रुति भूषणम्।
गहने द्वावपि गत्वा गत्वा-रहसि रति प्रेरयति सति
विहरतस्तदा विलसन्तौ-विहत गृहौ विवशौ तौ।।
लज्जाशबल विलास लीलया-कज्जलनयन विकारेण
हृज्ज्या व्यवहित हृदया रति-स्सज्जा संभ्रम चपला जाता।।
पुरतो यान्तं पुरुषं वकुलैः-कुरंटकैर्वा कुटजैर्वा।
परमं प्रहरति पश्चाल्लग्ना-गिरं विनासि विकिरति मुदम्।।
हरि सुर भूरुहमारोहतीव-चरणेन कटिं संवेष्ट्य।
परिरंभण संपादित पुलकैः-सुरुचिर्जाता सुमलतिकेब।।

विधुमुख दर्शन विकलितलज्जा-त्वधरबिंबफलमास्वाद्य।
मधुरोपयन मार्गेण कुचौ-निधि वदत्वा नित्य सुखमिता।।
सुरुचिर केतक सुमदल नखरै-र्वर चिबुंक सापरिवृत्य।
तरुणिम सिन्धौ तदीय ह्ग्जलचर युगलं संसक्तं चकार।।
वचन विलासैर्वशीकृत तं निचल निकुंज मानित देशे
प्रचुर सैकते पल्लवशयने-रुचिररतिकला रागेण सा।।
अभिनव कल्याणांचित रूपा वाभिनिवेश संयत चित्तौ।
बभूवतुस्तपरौ वेंकट-विभुना सा तत्विधिनासतया।।
सचलज्जा वीक्षणो भवितं-कच भरांगन्धं घ्रापयति।
न चलति चेन्मानवती तथापि-कुच संगादनुकूलयति।
अवनत शिरसाप्यति सुभगं-विविधालापैर्विवशति।
प्रविमल कर रुह रचन विलासै-र्भुवनपतिं तं भूषयति।।
लता गृह मेलनं नव सैकत वैभव सौख्यं द्दष्ट्वा।
ततस्ततश्चरसौ केलीव्रतचर्यां तां वांछतौ।।
नवकुसुम विशदवर वासनया घनसार रजो गन्धैश्च।
जनयति पवने सपदि विकारं, वनिता पुरुषौ जनिताशौ।।
एवं विचरन् हेला विमुख। श्री वेंकटागिरि देवोयं।
पावन राधा परिरंभसुख-श्री वैभव सुस्थिरो भवति।।'[1]

अन्नमाचार्य के पदों में सबसे लंबा पद है-''राधामाधवरतिचरित मिति।' यह पद संभोग श्रृंगार संबंधित है जो संस्कृत में लिखा गया है। अन्नमाचार्य ने पहली पंक्ति में कहा था कि यह रतिकथा अधिक जानने योगय एवं श्रवण भूषण है। पहले चरण में-एकांत प्रदेश रति भाव को उद्दीप्त कर रहा था तो राधा-माधव-दोनों गहन वन प्रदेश में पहुँचते हैं। दूसरे प्रकार की चिंताओं को छोड़कर उल्लास भरे ह्रदय की परवशता की दशा में उस प्रदेश में विचर रहे हैं।

'गहने द्वावपि गत्वा-गत्वा' पंक्तियों को पढ़ते ही अनायास जयदेव का श्लोक स्मरण हो आता है-'मेघैर्मेदुर मम्बरं वन भुवश्यामास्तमाल द्रुमैः।' वन

की गहनता से एकांत का दृश्य मानस पटल पर चित्रित हो जाता है। फिर राधाकृष्ण की प्रणय-लीला की पृष्ठभूमि तैयार हो जाती है।

'लज्जा शबल विलास लीलया'-पंक्तियों में राधा की रति के लिए संबद्धता का सुंदर बिंब है-लाज से भरी राधा के मन में कुछ मुग्ध भाव से लीला के साथ, काजल से भरी आंखों की दृष्टि की अभिनवता के साथ, हृदय के मर्म को जाननेवाले काम देव के संकेत के कारण हृदय के तादात्म्य की स्थिति में, रतिक्रीड़ा की निकट संभावना के संभ्रम में चित्त में चपलता जागृत हुई।

'विधुमुख दर्शन विगल लज्जात्वधर बिंब फल मास्वाद्य'-इन पंक्तियों में चंद्रमा जैसे प्रिय के मुख को निहारती हुई, प्रिय के बिंबाफल जैसे अधरों के माधुर्य का आस्वादन करती हुई अनेक चेष्टाओं से नित्य सुख का अनुभव कर रही थी।

'वचन विलासै वशीकृत्य तं निचुल कुंज मानित देशे'-पंक्तियों में राधा की चतुरता का चित्रण है-राधा अपने विलास भरे वचनों से प्रिय को वश में कर सघन वन में लेकर आती है, विशाल सैकत शय्या पर अनुराग भरी रतिलीला की रचना करती है।

अन्नमाचार्य ने अनेक पदबंधों में राधा के साथ श्रृंगार लीला-पुरुष कृष्ण एवं वेंकटाचल विभु वेंकटेश्वर में अभेद स्थापित करते हुए सरस पदों की रचना की थी।

'अति शोभितेयं , राधा सतत विलासवशा राधा।
दर्पकबल बोधा राधा, तर्पणगंध विधा राधा।
दर्पयुत क्रोधा राधा, दर्पकरसबेधा राधा।।अतिशोभितेयं
तारितावरोधा राधा, तारुण्योतिबोधा राधा।
धारितानुरोधा राधा, दारितापराधा राधा।। अतिशोभियतेयं
तरुणीमयं गाथा राधा, धर समकुचबाधा राधा।
तरण सदनुबोधा राधा, धरणि दुस्साधा-राधा।।      अतिशोभितेयं
तनुभव गुरु गाथा राधा, स्तन कृतगिरिरोधा राधा।

तनुवरवचन सुधा राधा, ध्वनिजिता पिकमेधा राधा।।
अतिशोभितेयं

तरुण सरवी सविधा राधा, दरशशिरुचि सौधा राधा।
तरलिर्ता द्विधा राधा, दरहसनवरोधा राधा।। ..-अतिशोभितेयं
धन गर्व निषेधा राधा, स्तव तत्पर विबुधा राधा।
द्रव धुनीकृत सुधा राधा, दवमदन व्याधा राधा।। अतिशोभितेयं
तरुणत्वपुरोधा राधा, तरुण स्मरयोधा राधा।
तरुण प्रशुमणि गुणधारक बहुल वितरण परा बहुधा राधा।। -
अतिशोभितेयं

दैविक सुखोपधा राधा, द्रावकनिजाभिधा राधा।
श्री वेंकटगिरि देवकृपा, मुद्रावैभवनाथा राधा।।'[2] -

अन्नमाचार्य ने इस संस्कृत कीर्तन में राधा के लोकोत्तर रूप एवं गुणों के साथ विलास-वैभव का भी कीर्तन किया था-

'राधा विलक्षण कांति से शोभायमान है। विलास कला में भी नम्रता के साथ है। सौंदर्य के साथ दर्प है, श्रीकृष्ण को प्रेम से आप्लावित करने के लिए चंदन गंध लेप के साथ स्वयं सुगंधित है। थोड़ा अभिमान के साथ प्रणय कुपिता, अधिक प्रणय के कारण क्रोध करनेवाली राधा, श्रृंगार रस में अत्यंत रसात्मक दर्प भावना से युक्त राधा, यौवन को तीव्रतर करती हुई, अनुनय-विनय को क्रोधित दशा में अनसुनी करनेवाली राधा, अपराधों को दूर करनेवाली राधा अत्यंत कान्ति से शोभित हो रही है।

तरुणी राधा विरह की अग्नि में जलती हई मरुभूमि के समान है। उसके प्रेम को विजयी होकर ही पाया जा सकता है। धरती पर दुस्साध्य है राधा, महती गाथा के साथ राधा की वाग्धारा अमृत धारा के समान है। अपने मधुर स्वर के कारण कोकिल के समान है , राधा।

चंद्र की मृदु रश्मियों से बना सौध के समान है। चंचल बिजली की चमक के समान हे राधा, अपने मधुर मंदहास को अवरोधित करती मुद्रा में है। सखियों से घिरी है, राधा कृष्ण के गर्व को भी दूर कर सकने की क्षमता

वाली है। राधा देवगण से नित्य संस्तुत है, राधा अमृतवर्षा करनेवाली है। राधा! दावाग्नि के समान कामदेव के प्रभाव से उत्पन्न प्रिय की विरह वेदना को दूर करने वाली है। राधा! तारुण्य की पुरोधा तुम ही हो, तारुण्य का पर्याय तुम हो। हे राधा! यौवन में स्मर/ कामदेव पर विजय पानेवाली हो। हे राधा! कल्पवृक्ष, कामधेनु एवं चिंतामणि-तीनों के समस्त गुणों से समन्वित होकर आश्रितों को वर देनेवाली तुम हो। सुख का आश्रय एवं नामस्मरण को माधुर्य से भर देनेवाली वही राधा वेंकटाद्रि के परम विभु के साथ है, वह राधा प्रभु की कृपा से संतोष एवं वैभव के साथ शोभायमान होते हुए भक्तों की रक्षा कर रही है।

'सकलं हे सखि! जानामि
तत् प्रकट विलासं परमं धधसे।
अलिकमृगमदमयमसिस्खलनोज्वलतां
हे सखि ! जानामि ललितं तव पल्लवित मनसि
निश्चल तर मेघश्यामं धधसे। - सकलं।।
चारु कपोल स्थल करांचित विचारं
हे सखि! जानामि।
नरायणमहि नायक शयनं श्री रमणं
तव चित्ते धधसे।
घन कुच शैलाग्र स्थित विधुमणि
जननं हे सखि जानामि
घनदुरसा वेंकटगिरि पतये विनुत
भोग सुख विभवं धधसे।।' सकलं।[3]

उपरिलिखित अन्नमाचार्य का यह संस्कृत पद जयदेव की रचना (अष्टपदी) जैसी लगती है। कोमल कांत पदावली, भाव व्यंजना आदि के साथ अन्नमाचार्य ने वेंकटेश्वर एवं अलमेलमंगा की प्रेममय श्रृंगार लीलाओं का चित्रण किया।

### प्रो. माणिक्यांबा 'मणि'

इस पद में प्रिय से मिलने के बाद उस मधुर अनुभूति में लीन अलिमेलमंगा की भावमग्न दशा को देखकर सखि कहती है-

'हे सखि! मैं सब कुछ जानती हूँ।

तुम्हारी विलासमयी चेष्टा के कारण, प्रियमिलन की

श्रृंगार लीलाओं की झलक तुम्हें देख कर जान गयी हूँ।

मैं जानती हूँ कि तुम्हारे कपोलों पर प्रिय का (मृग मद से तैयार) तिलक फैलने के कारण जो सौंदर्य समाया हुआ है। मैं जानती हूँ - अत्यंत कोमल पल्लव के समान तुम्हारे हृदय में स्थित मेघश्याम कृष्ण की लीला रूप के बारे में ही सोच रहे हो। तुम अपने कोमल कपोलों पर हाथ रखकर शेषसायी श्रीरमण जो तुम्हारे चित्त में समाये हुए हैं, उन्हीं की चिंता में व्याकुल हो-यह मैं जानती हूँ। मुझे लगता है हे सखि! तुम्हारे उन्नत वक्षस्थल पर जो चिह्न है वह उन्नत शिखरों पर जैसे मानो चंद्रमा का उदय हो रहा हो। उस चिह्न को देखकर मैं समझ सकती हूँ कि तुम्हारे प्रिय पति श्री वेंकटेश्वर जो तीनों लोकों के आराध्य हैं, उसके साथ तुम्हारे सुख व भोग-विलास चिह्न रूप में तुमने धारण किया है।

अनेक पदों में अन्नमाचार्य ने अपने परम प्रभु के दिव्य श्रृंगार के मनोहारी चित्र अंकित किये हैं। भक्ति के श्रृंगार तत्व को समझने के लिए आध्यात्मिक दृष्टि संपन्न होना चाहिए। चित्त संस्कार की आवश्यकता होती है। ऐसे पदों की व्याख्या जीवात्मा-परमात्मा के चिरंतन प्रणय और अलौकिक संयोग के रूप में भी की जा सकती है।

'तव मां द्रष्टुं दयास्ति वा, त्रिविधै घनानि तव नामानि

कर रमणी कंकणैर्घन कुच

गिरौ स्थापित किन्नरीयम्

सरसं मेच्छ रचनानि त्वयि

स्थिरानदयति ते नामानि

कलरव कंपित कण्ठविलसनं

किलकिल मेलन किन्नरीयं

ललना का वा लंघितवाद्यम्
तिलकयति तदा तेनामानि
निरत मूर्च्छना निबिड ताल रव
गिरा योजित किन्नरीयम
तरुणी रणयति तदा समीपे
तिरुवेंकट व ते नामानि।[4]

क्या तुम्हें इतनी दया/करुणा है कि मुझे देखें। तीन पद्धतियों में तुम्हारे तीन महान गुणों का गायन कर रही हूँ।

मणिकंकणों से शोभित, घन-कुच-पर्वत पर किन्नर वीणा स्थातिप कर, सरस रूप से, अस्पष्ट रचनाओं को नादमय बना रही है। यह ललना कौन है?

कबूतर के स्वर के समान कांपते कण्ठस्वर के साथ कलरव नाद के साथ वाद्य ध्वनि से बढ़कर सदा तुम्हारे नामों का गायन करती हुई प्रकट होनेवाली यह तरुणी कौन होगी?

सदा स्वरों के कंकणों की ध्वनि के साथ किन्नर वीणा के स्वरों को मिलाकर तुम्हारे समीप ही तुम्हारे ही नामों का वादन करनेवाली यह रमणी कौन है? ऐसे मग्न मनोदशा में तुम्हें मुझे देखने के लिए समय कहाँ है ?

विरह की करुण अवस्था में आकुल-व्याकुल नायिका के हृदय के उद्गार हैं। यहाँ सामीप्य की कामना करनेवाले भक्त कवि स्वयं को उस दशा में अनुभव करता है।

निम्नलिखित पद में अन्नमाचार्य ने श्री वेंकटेश्वर के रूप-सौंदर्य चित्रण में सौंदर्य के साथ शक्ति का भी गुणगान किया है।

'नल्लनि मेनि नगवु चुपुलवाड्डु
तेल्लनि कन्नुल देवुड्डु।
बिरुसैन दनुजुल पिंछमणचिनट्टि
तिरुपु कैदुव तोडि देवुड्डु
सरिपड्ड जगमेल्ल चक्क छायकु देच्चि

तेरुपु चूपिनट्टि देवुडु।
नीट मुनिगिनट्टि निंडिन चदुवुलु
तेट परचिनट्टि देवुडु
पाटिमालिनट्टि प्राणुल दुरितपु
तीट रासिनट्टि देवुडु।
गुरुतु वेट्टगरानि गुणमुल नेलकोन्न
तिरुवेंकटाद्रि पै देवुडु
थिरमुग ध्रुवुनिकि दिव्यपदंबिच्चि
तेरचि राजन्नट्टि देवडु।। नल्लनि मेनु।।'[5]

भाव इस प्रकार है-

तिरुमल तिरुपति में विराजमान यह श्रीवेंकटेश्वर श्याम वर्ण है और इसकी श्वेत कमल के समान आंखें आलोकमय हैं और इसकी मुस्कान भरी दृष्टि मोहित करती है। यहाँ अपने स्वामी श्री वेंकटेश्वर की सौंदर्य छवि के साथ उसके अनेक अवतारों में व्याप्त वीरता की गाथाओं का भी संकेत है-

अपनी वीरता एवं बाहुबल के साथ अहंकार से चूर राक्षसों की सत्ता को उनकी शक्ति को चूर-चूर कर दिया और त्रस्त प्रजा की रक्षा की थी।

कूर्म अवतार में परम पुरुष विष्णु ने जल में निक्षिप्त वेदों को बाहर लाया, दुखी सभी प्राणियों की दुखभरी दशा से उबारकर शांति प्रदान की। वेंकटाद्रि पर स्थित इस परम आराध्य के गुणों की सीमा नहीं। यह गुणों की निधि है। इसने अपनी कृपा से ध्रुव को दिव्य पथ दिया और राज्य दिया।

वह राजीव नयन विष्णु ही अब वेंकटाद्रि पर श्वेत कमल के समान नयनों की कांति से वेंकटेश्वर के रूप में विराजमान है। मैं उसकी आराधना करता हूँ।

'अलवेलु मंगा नी अभिनव रूपमु
जलजाक्षु कन्नुलकु चवुलिच्चनम्मा।।
गरुडाचलाधीशु घन वक्षमुन नुंडि
परमानंद सम्भरितवै

नेरतनमुलु चूपि निरन्तरमु नाथुनि
हरुषिंपग चेसितिविकद ओयम्मा।।
शशि किरणमुलकु चलुवल चूपुलु
विशदमुगा मीद वेदजल्लुचु
रसिकत पैंपुन करगिंचि एपुडु नी
वशमु चेसुकोंटि वल्लभुनोयम्मा।।
रट्टडि श्री वेंकटरायनिकि नीवु
पट्टपु रानिवै परगुचु
वट्टिमाकुलिकिरिंचु वलपु माटल
विभु जट्टिगोनि उरमुन सतमैति वम्मा।।[6]

अन्नमाचार्य बालाजी वेंकटेश्वर की परमप्रिया पत्नी अलिमेलुमंगा की पति के प्रति प्रेमातिशयता से उत्पन्न रूपमाधुरी का इस पद में वर्णन किया -

'हे अलमेलुमंगा! तुम्हारी अभिनव सौंदर्यमय रूप को देखकर कमलनयन वेंकटेश्वर की आंखें अत्यंत आसक्त हो रही है। तुम्हारी चतुरता भरी प्रेममय चेष्टाओं के साथ निरंतर तुम अपने स्वामी को हर्ष एवं आनंद से भर देती हो और गरुडाचलाधीश (वेंकटेश्वर) अपने पति के विशाल वक्षस्थल पर विराजमान ,अतिशय आनंद से भरी तुम्हारी छवि अभिनव सौंदर्य से भरी हुई है।

तुम्हारे प्रिय की चंद्रमा की किरणों से आद्र एवं सम्यक दृष्टि के कारण , तुम अपने नीरज समान नयनों से शीतलता बिखेरते हुए प्रफुल्लित होती हो और तुम अपने प्राण वल्लभ में रसिकता को बढ़ाते हुए सदा अपने वशीभूत कर लेती हो।

सदा अपनी प्रेमभरी बातों से तुम्हारे प्रिय के वक्षस्थल पर शोभायमान होते हुए अत्यंत प्रभुता संपन्न श्री वेंकटराय की तुम पटरानी बनकर राज कर रही हो।

'पलुकु तेनेल तल्लि पवलिंचेनु

कलिकितनमुन विभुनि कलसिनदिगान।
निगनिगनि मोमुपै नेरुलु गेलकुलु जेदर
पगलैन दाक चेलि पवलिंचेनु
तेगनि परिणतुलतो तेल्लवारिन दाक
जगदेक पति मनसु जेट्टिट गोनेगान।
कोंगुजारिन मेरगु गुब्बलोलयग तरुणि
बंगारु मेडपै पवलिंचेनु
चंगुलव कनुगोनल सिंगारमुलु दोलुक
अंगज गुरुनितोड नलसिनदि गान।
मुरिपेंपु नटनतो मुत्याल मलगु पै
परवशंबुन तरुणि पवलिंचेनु
तिरुवेंकटाचलाधिपुनि कौगिट कलसि
अरविरै नुनु चेमट नंटिनदिगान।। पलुकुतेनेल।।[7]

अलमेलुमंगा अपने पति जो जगत का भी प्रभु है, उससे निरंतर अपने माधुर्य भरे वचनों और चेष्टाओं से प्रसन्न करती है, वह अभी सोयी हुई है, क्योंकि उसका प्रिय के साथ प्रणय मिलन हुआ था।

उसके चमकते हुए चेहरे पर घुंघराले बाल फैले हुए थे, और दिन चढ़ गया, फिर भी सो रही है। सवेरा होने तक अंत न होनेवाली अनेक प्रणय चेष्टाओं से जगत के पति (जो अपने पति के रूप में है)के -मन को रात भर लुभाती रही थी , इसलिए अब तक वह सो रही है।

उसका आंचल सरक गया, स्तन-चुगल से शोभा बिखेरती पूर्ण यौवना, स्वर्ण-महल में सो रही है कमल के समान नयनों की कनखियों से श्रृंगारमय स्नेह दृष्टि के साथ कामदेव के भी गुरु पति की (वेंकटेश्वर, पति) श्रृंगारमय रात्रि में थक गयी, इसीलिए वह अभी सो रही है।

मन को मुग्ध करनेवाली चेष्टाओं के साथ मोतियों के झालरों से सजी उस पलंग पर परवशता के साथ अभी सोयी हुई है क्योंकि वेंकटाचल के

अधिपति अपने प्रिय के प्रगाढ़ आलिंगनों से उत्पन्न श्वेद बिंदुओं से भरी है, थकी हुई है।

इस पद की सौंदर्यानुभूति के लिए अन्नमाचार्य के हृदय में प्रवेश करना होता है। तिरुमल तिरुपति के वेंकटेश्वर का अलमेलमंगा के साथ विवाह का प्रतिवर्ष आयोजन होता है। अन्नमाचार्य स्वयं अपने को अलमेलमंगा के पिता के स्थान में 'कन्यादाता' के रूप में भावन करते हैं। फिर वेंकटेश्वर उनके जामाता हैं। विवाह के उपरांत कन्या के सुख-भोग की स्थिति देखकर पुलकित होते हैं और अपार संतोष पाते हैं। स्नेहातिरेक की दशा में अपनी बेटी को 'माँ' कहना स्वाभाविक है। यहाँ 'तल्लि'( माँ ) का प्रयोग अन्नमाचार्य का वात्सल्य भाव भी प्रकट करता है। इस पूरे आयोजन के पीछे आत्मा-परमात्मा के मिलन का भी संकेत है। इस संसार में मानव हृदय अपनी भावनाओं के साथ मिलाकर दिव्यता और दिव्य अनुभव का भावन कर सकता है।

'एमोको चिगुरुटधरमुन येडनेड कस्तूरि निंडेनु
भामिनि विभुनकु रासिन पत्रिक कादुकदा।।
कलिकि चकोराक्षिकि कडगन्नुलु कैंपै तोचिन
चेलुव बिप्पुडिदेमो चिंतिंपरे चेलुलु,
पलुवुन प्राणेश्वरुपै नाटिन या कोनचूपुलु
निलुपुन बेरुकग नंटिन नेत्तुरु गादु कदा।।
पडतिकि चनुगव मेरुगुलु पै पै पय्यद वेलुपल
कडुमिंचिन विधमेमो कनुगोनरे चेलुलु
उडुगनि वेडुकतो प्रियुडोत्तिन नखशशिरेखलु
वेडलग वेसवि कालपु वेन्नेल कादु गदा।। एमोको।।
मुद्दुल चेक्किल केलकुलु मुत्यपुजल्लुल चेरपुल
वोद्दिक बागु लिवेमो ऊहिंपर चेलुलु
गद्दरि तिरुवेंकटपति कौगिट अधरामृतमुल

प्रो. माणिक्यांबा 'मणि'

अद्दिन सुरतपु चेमटल अंदामु कादुकदा।एमोको।।[8]

उपरिलिखित पद में संस्कृत, काव्य भाषा तेलुगु ,अलंकार शास्त्र पर असमान अधिकार के साथ लोक भाषा की मर्मज्ञता का भी दर्शन होता है। अन्नमाचार्य श्रृंगार रसज्ञता पर काव्य मर्मज्ञ आश्चर्य चकित होते हैं।

अरुणिम अधरों पर जो चिह्न है वे जैसे मानो पत्र पर काली स्याही की उत्प्रेक्षा- कल्पना शक्ति की पराकाष्ठा है। यहाँ नायिका (अलमेलमंगा के रूप में राधा) नायिका की छवि देखकर एक सखि अपनी अन्य सखियों से कह रही है-

'शायद नायिका ने कस्तूरी तिलक से सजे प्रियतम के मुख को चूमा होगा। इसीलिए उसके (नायिका) अधरों पर काले काले चिह्न रह गये। यहाँ इस बात का भी संकेत है कि नायिका ने अनेक बार चुंबन लिया होगा। इसलिए अधरों पर इतने चिह्न हैं कि प्रिया की विभु के नाम पत्रिका के मानो अक्षर हैं। यहाँ नायक के सौंदर्य के प्रभाव की भी व्यंजना हो रही है।

कल्पना की चरम सीमा है कि अन्नमाचार्य की नायिका को अत्यंत तीव्र प्रेम से भरी दृष्टि रूपी तीरों से प्रिय ने देखा और उनके निकाले जाने के कारण खून की छींटें आयी और मानों सूखे कण पत्रिका के अक्षर हों। इस कल्पना से प्रतीत होता है कि नायिका की तीव्र प्रणय भावना के कारण उसने मजबूरी में अपनी नजरों को वापस लिया।

नायिका के वक्षस्थल से, वस्त्र के भीतर से स्तन युगल की स्वर्णिम प्रकाश की किरणें बाहर दौड़ रही हैं क्योंकि नायक के नखक्षत शशि की उदय किरणों के समान चंद्रकांति बिखेर रही है। (वेंकटाचलाधीश) शायद रति समय में अधरों पर नायक के चुंबनों के कारण उत्पन्न श्रम जल ही जैसे मानो मोतियों के समान कांति से नायिका का मुख सौंदर्य और बढ़ गया हो।

तेलुगु के काव्य मर्मज्ञों के अनुसार-'इस गहन गंभीर रति भाव को सहज अलंकार से समन्वित कर तेलुगु की लोकभाषा की कोमल कांत शब्दावली में चित्रण करने की अनुपम रसज्ञता केवल अन्नमाचार्य ही की हो

सकती है। अन्नमाचार्य को लोक भाषा में अनेक पद लिखने के कारण 'अन्नमय्या' के नाम से भी जाना जाता है।

'अलरुलु कुरियग नाडे नदे।
अलकल गुलुकुल नलमेलुमंगा।।
अरवरि सोबगुल नतिवलु मेच्चग
अर तेर मरुगुन नाडे नदे।
वरुसग पूर्वदुवालपु तिरुपुल
हरि गरगिंपुचु नलमेलुमंगा।
मट्टपु मलुपुल मट्टेल केलपुल
तट्टडि नडपुल नाडे नदे
पेट्टिन वज्रपु पैंडेपुदलुकुल
अट्टिटट्टु चिम्मुचु नलमेल मंगा।।
चिंदुल पाटल शिरिपोलयाट्ल
अंदेल म्रोतल नाडे नदे।
कंदुव तिरुवेंकटपति मेच्चग
अंदपु तिरुपुल नलमेलमंगा।।' [9]

यवनिका के पीछे अलमेलमंगा नाच रही है। सखियाँ उसकी प्रशंसा कर रही है। अलमेलमंगा नाच रही है और वे फूल बरसा रही हैं। स्वामी पति वेंकटेश्वर नृत्य देख रहे हैं जो अनेक पुरानी स्मृतियों को सामने लाकर प्रिय श्रीहरि को प्रेम में मग्न कर रही है।

नृत्य के मृदुल चरण विन्यास से पैरों के बिछुए की मंद-मंद ध्वनि निकल रही है, हाथों के हीरों से जड़ी कंकणों के प्रकाश को इधर-उधर बिखेरती हुई नाच रही है।

लोकनाट्य के मधुर गीतों की धुन पर नाच रही है। उसके चरणों में बंधे छोटे छोटे घुंघरू के मधुर स्वर के साथ नाच रही है। अपने नृत्य-विन्यास से सौंदर्य बिखेर कर, पति तिरुवेंकटपति की प्रशंसा पा रही है। इस प्रकार अन्नमाचार्य ने लोकनृत्य की विभिन्न भंगिमाओं और चरण विन्यास से

पति श्री वेंकटेश्वर का प्रेम और प्रशंसा पानेवाली अलमेलमंगा का चित्रण किया। इसमें लोक भाषा (तेलुगु) का सौंदर्य अत्यंत हृदयावर्जक रूप में प्रस्तुत हुआ।

'एमनि पोगड्डुदुमे इक निनु
आमनि सोबगुल अलमेलमंगा।
तेलिकन्नुल तेटले कदवे
वेलयग विभुनिकि वेन्नेललु
पुलकल मोलकल पोदुलिवि गदवे
पलुमारू पुव्वुल पानुपुलु।
तिय्यपु नी मोवि तेनेले कदवे
वियपु रमणुनि विंदुलिवि
मुय्यक मूसिन मोलक नव्वु गदवे
नेय्यपु कप्पुरपु नेरि बागालु।
कैवसमगु नी कौगिलि कद वे
श्री वेंकटेश्वरु सिरि नगरु
तावु कोन्न मी तमकमु कद वे
काविंचिन मी कल्याणमुलु।।' [10]

इस पद में अन्नमाचार्य सखी भाव से स्वयं कह रहे हैं-'हे अलमेलमंगा! वसंत ऋतु में प्रकृति के सौंदर्य के समान तुम्हारी सुंदर छवियों का मैं किन शब्दों में प्रशंसा करूँ? तुम्हारे स्वच्छ एवं श्वेत नयनों की कांति ही तुम्हारे विभु/प्रिय के लिए चांदनी के समान है! स्वामी के नयनों को शीतलता देती है।

तुम्हारे शरीर की पुलकित रोमावली ही प्रिय के लिए फूलों की शय्या के समान है। तुम्हारे अधरों का मिठास ही तुम्हारे प्रिय रमण के लिए प्रीतिपूर्ण आस्वाद्य है। तुम्हारे अधरों पर खेलनेवाली मंद मुस्कान ही तुम्हारे प्रेमरूपी कर्पूर से सुगंधित ताम्बूल के समान है। तुम्हारे अधीन आलिंगन ही

प्रिय के लिए निधियों से भरी नगरी है। तुम दोनों का परस्पर आकर्षण की तीव्रता ही आप दोनों के दांपत्य प्रेम का सौंदर्य है।

अन्नमाचार्य के अनेक पदों में श्री बालाजी वेंकटेश्वर एवं अलमेलमंगा की प्रणय लीला में दांपत्य प्रेम का अनुपम चित्रण हुआ।

अन्नमाचार्य ने विप्रलंभ श्रृंगार की अनेक दशाओं का भी गायन किया। नायिका (अलमेलमंगा के रूप में राधा) नायक के विरह में अत्यंत व्याकुल है। सखियाँ नायक के पास, नायिका की विरह दशा का वर्णन कर रही है-यह नायक पति ही है। संयोग-वियोग की अनेक दशाओं की भावपूर्ण अभिव्यंजना के द्वारा अन्नमाचार्य के पदों में दांपत्य प्रेम की महत्ता को प्रतिष्ठित किया। इस पद में वियोग दशा का चित्रण इस प्रकार है-

'इंदु मदि पति भाव येट्टुलौनो एमो
विदुंगा जेलुंबुनकु विन्नविंचवे।
कोकिल कूतकूयगाने गुंडे झल्लुमने चेलि
पूयक पूचिनयट्टुल पुलकिंचे
मावि नुंडि अंतलोने मदन भूतमु वोले
पोवुलैन पुप्पोंडिन पोयरे बडिम।।'[11]

पति विरह में नायिका की वेदना की व्याकुलता को नायक के सम्मुख संदेश देने के लिए एक सखि दूसरी सखि से कह रही है-

'हे सखि! इसकी दशा को, उसके पति देव के पास अच्छी तरह विनती के रूप में प्रस्तुत करो। कोयल की कूक को सुनते ही विह्वलता के कारण उसका हृदय कांप जाता है। इसका शरीर कोमल कुसमों के समान पुलकावली से रोमांचित हो जाता है। आम के वृक्ष से वसंत में अचानक भूत के समान कामदेव इस पर कूद पड़ता है। पराग उस पर बिखरा कर उसे कामदेव के प्रभाव से उत्पन्न व्यग्रता के अतिशय को दूर करें।

अन्नमाचार्य के समय में पद्य-काव्य का बोलबाला था। उस समय अन्नमाचार्य ने अपनी भक्ति भावना की अभिव्यक्ति के लिए पद-रचना को (अनुकूल) उपयुक्त समझा। इनके श्रृंगार पद भी भक्ति समन्वित है। जीवात्मा का परमात्मा में समाहित होने की परिपूर्ण भक्ति-पद्धति का उन्होंने प्रचार किया।

**प्रो. माणिक्यांबा 'मणि'**

उपर्युक्त पद में प्रकृति की उपमाओं के साथ जीवात्मा का परमात्मा के विरह की व्याकुल दशा का वर्णन किया।   इस भावना की अभिव्यक्ति में अनेक पद लिखे गये थे। विस्तार के भय से कुछ ही पदों
की चर्चा की गयी है।

***

**संदर्भ सूची :**

1. अन्नमाचार्य- lyrics.blogspot.com/2007-पद -सं -252
2. आकेल्ल विभीषण शर्मा, श्रीनिवास विलासम् श्लोक -सं. 3-
3. अन्नमाचार्य- lyrics.blogspot.com/2007 -पद-सं 119
4. आकेल्ल विभीषण शर्मा  श्रीनिवास विलास-श्लोक - सं -27
5. अन्नमाचार्य- lyrics.blogspot.com/2007–पद -सं 117
6. अन्नमाचार्य- lyrics.blogspot.com/2007–पद -सं 58
7. अन्नमाचार्य- lyrics.blogspot.com/2007- पद -सं -62
8. अन्नमाचार्य lyrics.blogspot.om -पद -सं . 11
9. अन्नमाचार्य- lyrics.blogspot.com/2007  पद -सं – 41
10. अन्नमाचार्य- lyrics.blogspot.com/2007 पद -सं - 89
11. अन्नमाचार्य- lyrics.blogspot.com/2007 पद -सं - 89

*********************************

# षष्ठ अध्याय

# अन्नमाचार्य के पद-साहित्य और मधुर-भक्ति

प्रबंध-काव्य एवं नीति-काव्य दोनों में मौलिक अंतर है। गीति-काव्य गाते हुए या सुनते हुए मधुर लगता है। 'पाठ्ये च गेये च मधुरम्' कहते हुए वाल्मीकि ने रामायण को पठनीय एवं गेय मधुर काव्य के रूप में प्रणयन किया। तेलुगु साहित्य में गीति-काव्य 'पद-कविता' के रूप में प्रसिद्ध है। तेलुगु के वाग्गेयकार अन्नमाचार्य, रामदास एवं त्यागराज - इन तीनों ने तेलुगु में मधुर-पदों की रचना की है। इन में अन्नमाचार्य के गीतों को 'पद', रामदास के गीतों को 'कीर्तन' और त्यागराज के गीतों को कृति कहा जाता है। ये तीनों ही सगुण परब्रह्म के अनन्य भक्त थे। गीतिकाव्य में इनकी रचनाएँ विशिष्ट प्रक्रियाएँ हैं, जिनमें इनकी प्रतिभा अनुपम रही।

तेलुगु के पद-साहित्य में अन्नमाचार्य आदि कवि हैं। इसलिए इन्हें 'पद-कविता पितामह' कहा जाता है। संगीत और साहित्य में एवं संस्कृत तथा आंध्र भाषा में इनकी प्रतिभा अन्यतम है। इनके पद श्री वेंकटेश्वर बालाजी के अनन्य भक्ति में तल्लीन भक्त हृदय के सहज उद्गार हैं। वैष्णव-भक्ति साधना-पथ में आप की प्रत्येक अनुभूति शब्दों में साकार हो गईं। उन्होंने तेलुगु भाषा की मधुरिमा को अपने पदों में छलकाया। उन्होंने रामायण की द्विपद काव्य-शैली में रचना की एवं एक संकीर्तन-लक्षण ग्रंथ का प्रणयन किया। शृंगार और आध्यात्मिकता पर आधारित इनके पद मधुर भक्ति की मधु-धारा से आप्लावित हैं। अन्नमाचार्य के साहित्य के विशेषज्ञ डॉ. आनंदमूर्ति ने एक स्थान पर लिखा है-"अन्नमाचार्य के पद वैष्णव-तत्व

की मोतियों की गठरियाँ हैं। तेलुगु भाषा की सरस माधुरी इन पदों में छलकती हैं।"1

## अन्नमाचार्य एवं आलवार भक्ति

यद्यपि आलवारों के समय के बारे में मतभेद हैं, किंतु वैष्णव-बहुमत के अनुसार ये ई. 6-9 वीं शती के बीच हुए थे। तमिल प्रदेश के प्रसिद्ध भक्तों को 'आलवार' कहते हैं। आलवार भक्त कुल बारह माने जाते हैं। उनमें पुरुष और स्त्री, राजा और रंक, ब्राह्मण और चांडाल सभी प्रकार के लोग थे, किंतु ये सभी उच्चकोटि के भक्त थे। आलवार का शाब्दिक अर्थ है-"भक्तिरस सागर में गोते खाने वाला।" भक्ति रस के आनंद में उन्होंने जो 'पाशुर' (तमिल एक छंद जो गाया जा सकता है ) गाये, उन्हीं को बाद में संग्रह किया गया। वह गीत संग्रह" द्रविड-प्रबंधम्," "नालायिर प्रबंधम्", "तमिल-वेद" आदि नामों से विश्रुत हैं। वैष्णव-धर्म खास कर विशिष्टद्वैत वैष्णव संप्रदाय का यही सर्वाधिक प्रामाणिक ग्रंथ माना जाता है। इस प्रबंधम् में आलवार भक्त नम्मालवार की 'तिरुवायिमुडि' को ही सर्वाधिक महत्व दिया जाता है।

नम्मालवार की भक्ति, शृंगार भक्ति या मधुर भक्ति है। "तिरुवायिमुड" में नायक (भगवान) के विरह में विकल होने वाली नायिका (भक्त, जीव) की स्थिति, दीनता, उत्कण्ठा, शरणागति और नायक द्वारा नायिका की स्वीकृति (विवाह) जैसी बातों का सुंदर काव्यमयी ढंग से वर्णन मिलता है।

नम्मालवार की नायिका का कोई नाम नहीं मिलता। अन्नमाचार्य के पदों में भी कहीं-कहीं नायिका का कोई नाम नहीं मिलता। वास्तव में यह नायिका नहीं यह कवि की आत्मा ही है। "नम्मालवार एवं अन्नमाचार्य की रचनाओं में भक्त की इसी आत्मा की अभिव्यक्ति है। इस माधुर्य भक्ति की चरम परिणति "तिरुमगै आलवार" / आण्डाल' में परिलक्षित होती है। आंडाल स्वयं स्त्री थी, अतः उसकी माधुर्य भक्ति में अधिक स्वाभाविकता देखने को मिलती है। भक्त शिरोमणि नम्मालवार के अनुसार-पूजादिक सेवाओं की अपेक्षा प्रेम के द्वारा परम विभु को पाने का मार्ग ही उत्तम मार्ग है। "यह सारा

विश्व उस भगवान के विरह में व्याकुल है। अतः जीव भी विरह विकल होकर परमात्मा की प्रतीक्षा करता है।"[2]

अन्नमाचार्य की साधना का प्रधान लक्ष्य सभी ऐंद्रिय एवं लौकिक प्रवृत्तियों को ईश्वरोन्मुख करके आत्मसमर्पण पूर्वक एकांत भक्ति में सिद्धि पाना था। यही कारण है कि उनकी भक्ति-भावना में स्त्री भाव से ओत-प्रोत पद भी अधिक मिलते हैं।

## अन्नमाचार्य और लीलाशुक

परम भक्त लीलाशुक को अधिकांश आलोचक आंध्र प्रांत के प्रमाणित करते हैं। उनकी प्रसिद्ध रचना 'श्री कृष्ण कर्णामृत' में श्री कृष्ण के बाल एवं किशोर रूपों का मनोहर वर्णन तीन सौ से ज्यादा श्लोकों में हुआ। इसमें वर्णित 'रासाष्टक' का आंध्र प्रांत में विशेष प्रचार रहा। आंध्र के अनेक नृत्य-नाट्य मंडलियों के द्वारा श्री कृष्ण कर्णामृत के अनेक श्लोकों का अभिनय होता आ रहा है। निम्बार्क, विष्णुस्वामी एवं लीलाशुक के प्रभाव से आंध्र प्रांत में ईसवी 12-13 सदियों में राधा-कृष्ण, गोपी-कृष्ण एवं बालकृष्ण की भक्ति को विशेष प्रचार मिला था। आलोच्य कवि अन्नमाचार्य के कई पदों में बालकृष्ण, गोपी-कृष्ण एवं राधा-कृष्ण की लीलाओं के वर्णन मिलते हैं।

## अन्नमाचार्य का जीवन काल

अन्नमाचार्य का जीवन काल वल्लभाचार्य, चैतन्य प्रभु, हरिदास, हितहरिवंश से पूर्ववर्ती रहा। इन महानुभावों के संप्रदायों का प्रचलन भी नहीं हुआ था। किंतु आश्चर्य की बात यह है कि अन्नमाचार्य की भक्ति में एवं साधना में वे सभी तत्व कई अंशों में पाये जाते हैं।

कृष्ण भक्ति साधना में श्रीमद्भागवत, गीत गोविंद और श्रीकृष्ण कर्णामृत में प्रतिपादित गोपी भाव एवं राधा भाव सभी भक्तों के प्रेरणास्रोत रहे थे। अन्नमाचार्य की माधुर्य-भक्ति में एक ओर आलवारों के आदर्श पर चलने वाली प्रेम-भक्ति की स्निग्ध धारा मिलती है तो दूसरी ओर भागवत

पुराण, गीत-गोविंद और श्रीकृष्ण कर्णामृत में प्रतिपादित गोपिका भक्ति और राधा भक्ति की सुमधुर धारा भी मिलती है। 'द्राविड उपजी भक्ति' की अमृत धारा ने उत्तर-दक्षिण को एकात्म कर भावुक भक्तों को रसाप्लावित कर दिया है। कृष्ण भक्ति में 'पुष्टिमार्ग' के पोषक वल्लभाचार्य अन्नमाचार्य के परवर्ती काल में हुए। वे आंध्र के भारद्वाज गोत्री ब्राह्मण परिवार के थे। वल्लाभाचार्य जी के पिता लक्ष्मण भट्ट काशी यात्रा पर गये। कुछ समय वे वहीं ठहरे। उनका जन्म वहीं हुआ। उनकी बाल्यावस्था में पिता का देहांत हो गया। बालक वल्लभ अपनी माँ के साथ मातुल के घर लौट गये। उन्होंने वेद-शास्त्रों का अध्ययन किया और अपनी प्रतिभा के कारण प्रसिद्ध होने लगे। कहा जाता है कि वल्लभाचार्य ने तीन बार सारे भारत की यात्राएँ की। एम्.संगमेशम के अनुसार- "आचार्य जी अपनी यात्राओं में कहीं-कहीं भागवत का पारायण करते थे। ऐसे स्थानों में बैठकें बनवा दी जाती थीं। महाप्रभु की ऐसी बैठकें देश भर में हैं। तिरुमल-तिरुपति जब वे पहली बार आये, तब वहाँ की स्वामि-पुष्करिणी के किनारे श्री वराह स्वामी के मंदिर के पास उनकी बैठक हुई, तो दूसरी और तीसरी यात्राओं में भी उन्होंने उसी जगह बैठकें लगायी। आज भी वल्लभ मत के अनुयायी तिरुमल तिरुपति की यात्रा करने पर उक्त स्थान के दर्शन अवश्य करते हैं। "आलोचकों का विचार है कि इन यात्राओं के दौरान वल्लभाचार्य जी को अन्नमाचार्य के पदों को सुनने का अवसर मिला होगा। संगमेशम का विचार था" वल्लभाचार्य जी की यात्राओं के काल में (1479-1510 ई.) तिरुमल-तिरुपति में अन्नमाचार्य और उनकी संतति के पद-गायन का क्रम चलता था। "हमारा अनुमान है कि आचार्य प्रभु को उस समय अन्नमाचार्य के तेलुगु व संस्कृत पदों का परिचय मिला होगा।"[3]

## अन्नमाचार्य एवं मधुर भक्ति

### (क) मधुर- भक्ति का तात्विक विश्लेषण

वैष्णव धर्म में मोक्ष प्राप्ति की साधना का सुगम मार्ग 'भक्ति' ही है। यह भक्ति पाँच प्रकार की मानी गयी है। ये हैं-शांत, दास्य, सख्य, वात्सल्य एवं माधुर्य भक्ति। अन्नमाचार्य ने इन पाँचों रूपों में भक्ति का निरूपण किया। उन्होंने हजारों पदों की रचना की थी। इसमें कोई अत्युक्ति नहीं कि सबसे ज्यादा शृंगार भावना से मंडित है, जिनको हम माधुर्य भक्ति के अंतर्गत मानते हैं।

श्रीमद्भागवत में नवधा भक्ति का निरूपण हुआ। वैष्णव भक्ति साधना में पंच विधा भक्ति का निरूपण हुआ। यह निरूपण बंगाल में चैतन्य महाप्रभु के शिष्य रूपगोस्वामी ने अपने 'भक्ति रसामृत सिंधु' ग्रन्थ में इस प्रकार किया-

"मुख्यस्तु पंचधा भक्तिः शांतः प्रीतिः प्रेयांश्च वत्सलः
मधुरश्चेत्यमी ईया यया पूर्व मनुत्तमाः। - भक्ति रसामृत सिन्धु
हास्याद्भुत स्तया वीरः करुणौ रौद्र इत्यपि
भयानकः स वीभत्स इति गौणश्च सप्तया।"

रूपगोस्वामी ने भक्ति के दो रूप बताये हैं- मुख्या और गौणी। शांत भक्ति, प्रीति भक्ति, प्रेमा भक्ति (सख्य) वात्सल्य एवं माधुर्य भक्ति ये उत्तरोत्तर श्रेष्ठ हैं। इसका तात्पर्य है-माधुर्य भक्ति सर्वश्रेष्ठ है।रूप गोस्वामी के "उज्ज्वल-नीलमणि" में माधुर्य भक्ति का विशद शास्त्रीय विवेचन मिलता है। हास्य, अद्भुत, वीर, करुण, रौद्र, भयानक एवं वीभत्स रसों पर आधारित भक्ति को 'गौण भक्ति' माना गया है। नव रसों में शांत और शृंगार को गौण भक्ति के अंतर्गत नहीं माना। शृंगार मधुर भक्ति में, शांत रस शांत भक्ति के रूप में "मुख्य भक्ति" के अंतर्गत लिया गया है। अन्नमाचार्य ने आध्यात्म एवं शृंगार के पदों की रचना की जो क्रमशः शांत भक्ति एवं माधुर्य भक्ति के अंतर्गत आते हैं और ये दोनों ही 'मुख्य भक्ति' के अंतर्गत माने गए हैं। वैष्णव भक्ति साधना में माधुर्य भक्ति को ही उच्च स्थान पर प्रतिष्ठित किया गया था। रूप गोस्वामी ने इस माधुर्य भक्ति को' 'भक्ति-रस' या "उज्ज्वल रस" का अभिधान देकर भक्ति के रस-रूप का निरूपण करने का स्तुत्य प्रयास किया था।

माधुर्य भक्ति या भक्ति रस का तात्विक अवगाहन के लिए यह मानना आवश्यक है कि वैष्णव भक्ति साधना में कृष्ण-भक्ति में श्री कृष्ण ही परम पुरुष है और सारी जीवात्माएँ स्त्रियाँ हैं। श्रीमद्भागवत में वर्णित श्रीकृष्ण एवं गोपियों की रास लीला आदि अनेक लीलाओं की तात्विक दृष्टि यही है। पंच विधा भक्ति का केंद्र भी श्री कृष्ण ही है। वैष्णवधर्म की यह आस्था है कि श्रीकृष्ण की भक्ति ही पूर्ण रस-रूप है। उनके अनुसार मधुर रस रूप परब्रह्म श्रीकृष्ण का साक्षात्कार ही मधुर रस है।

अन्नमाचार्य के लिए श्री वेंकटेश्वर ही सगुण परब्रह्म है। उन्हीं में सभी रूपों के उन्होंने दर्शन किये। अलमेलुमंगा एवं वेंकटेश्वर में श्रीमद्भागवत की साधना पद्धति का, राधा-माधव की रागात्मक मधुर लीला में अभेद मान कर रसमय चित्रण किया। श्रीकृष्ण की वैष्णव भक्ति साधना-पद्धति को सप्तगिरि पर अधिष्ठित श्री वेंकटेश्वर की भक्ति-साधना में रूपांतरित किया। उनके अनुसार श्री वेंकटेश्वर, श्रीकृष्ण एवं श्री रामचंद्र अभिन्न हैं। भक्त शिरोमणि अन्नमाचार्य का पद-साहित्य, तेलुगु साहित्य में पंच-विधा भक्ति का मधुर-रस-सागर है। किंतु इस माधुर्य भक्ति के रसास्वादन के लिए श्रीकृष्ण की अनन्य भक्ति आवश्यक है-

"सर्व दैव दुरूहोऽय मभक्तैर्भगवद्रसः
तत्पदाम्बुज सर्वस्वैः भक्तैरेवानुरस्यते।"

- भक्ति रसामृत सिंधु

जिसने श्री कृष्ण के चरण कमलों को सर्वस्व भावन किया वही सच्चा भक्त इस रस का अनुभव प्राप्त कर सकता है। भक्ति, शृंगार आदि के समान अलौकिक अनुभूति नहीं, शांत रस के समान आध्यात्मिक अनुभूति भी नहीं। भक्ति की भावना ही शुद्ध अनुभूति बन कर इन की अलौकिक एवं आध्यात्मिक मिश्रित अनुभूति को संभव करती है। यही माधुर्य भावना है, यही माधुर्य भक्ति है या यूँ कहिए भक्ति-रस है। यह ध्यान देने की बात है -

भक्ति रसामृत सिंधु और उज्ज्वल नीलमणि में माधुर्य भक्ति का शास्त्रीय विवेचन हुआ है। किंतु हमारे आलोच्य कवि अन्नमाचार्य के समय तक उन ग्रंथों का प्रणयन नहीं हुआ।

**(ख) अन्नमाचार्य के पदों में मधुर-भक्ति :**

अन्नमाचार्य के पदों में मधुर भक्ति का चित्रण मिलता है। चीर हरण-लीला, दान-लीला, मान-लीला आदि कृष्ण की लीलाओं के वर्णन के कई पद मिलते हैं। राधा- कृष्ण की सरस मधुर प्रेम लीला के प्रसंग कुछ जयदेव की शैली में और कुछ लोक गीतों की शैली में मिलते हैं। अन्नमाचार्य श्रीकृष्ण और श्रीवेंकटेश्वर में अभेद मानने के कारण उनकी रचना में गोपियाँ ही नहीं बल्कि राधा भी श्री वेंकटगिरि देव की नायिका बनती है। उदाहरण अवलोकनीय है-

"अभिशोभितेयं राधा, सतत विलास वशा राधा।
दैविक सुखावबोधा, राधा, द्रावक निजभिधाना राधा
श्री वेंकटगिरिदेव कृपा मुद्रा वैभव सनाथा राधा।"[4]

शब्द लालित्य, रसात्मकता का माधुर्यपूर्ण राधा-कृष्ण की शृंगार-विलास की लीला का अन्नमाचार्य का यह पद पढ़ते हुए पूर्ववर्ती भक्त कवि जयदेव की मधुर कोमलकांत पदावली का स्फुरण होता है-

राधा माधव चरितमिति - बोधावहं श्रुति भूषणम्
"गहने द्वाकपि गत्वा गत्वा-रहसि रति प्रेरयति सति।
विरहरत स्तदा विलसन्तौ-विहत गृहायौ विवशौतौ।।"
"लज्जा शबल विलासीललया-कज्जलनयनविकारेण।
हृज्जया व्यवहित हृदया रति-रस्सज्जा संभ्रम चपला जाता।।"
"हरि सुर भूरुह मर्हतिवस्व-चरणेन कटिं संवेष्ट्य
परिरंभण संपादित पुलकैः-सुखचिर्जाता सुमलतिकेव
धुमुख दर्शन विकलित लज्जा-त्वधर निम्नफल मादवाद्य
मधुरीपायन मार्गेण कुचौ-निधि वदत्वा नित्य सुखमिता।।"
"वचन विलासैर्वशोकृततं-निचुल कुंज मानित देशे

**प्रो. माणिक्यांबा 'मणि'**

प्रचुर सैकतैः पल्लव शयने-रचित रतिकला रागेण।।"
"एवं विचरन् हेला विमुख! श्री वेंकटगिरि देवोयं
पावन राधा परिरंभ सुख- श्री वैभव सुस्थिरो भक्ति।।"[5]

सखियाँ अलमेलमंगा से परिहास करती है - हम सब कुछ जानती हैं। तुम्हारा प्रिय-मिलन-सुख के पूरे लक्षण हम देख रही हैं। तुम्हारी भाव भंगिमा से स्पष्ट पता चल रहा है कि तुम अभी उसी परम प्रिय की भावना में लीन हो-

"सकलम् हे सखि! जानामि तत्

प्रकट विलासं परमं धधसे
अलिक मृग मदमय मषि
कलनों ज्वलतां हे सखि, जानामि
ललितं तव पल्लवित मनसि
निश्चलतर मेघश्यामं धधसे।। सकलं।।
चारु कपोल स्थल करांञ्चित
विचारं हे सखि! जानामि
नारायण महि नायक शमनं
श्री रमणं तव चित्ते धधसे।
घन कुच शैलाग्रस्थित विधुमणि
जननं हे सखि जानामि
घनदुरसा वेंकटगिरि पतये
विनुत भोग सुख विभवं धधसे।" सकलं।[6]

इस पद में केवल भाव लालित्य ही नहीं शब्द लालित्य और ललित कल्पना भी अवलोकनीय है। कोमल कपोलों पर हाथ धर जो विचार मग्न हो, इस भाव मुद्रा से मुझे पता चल गया है कि तुम अपने हृदय में स्थित प्रिय वेंकटेश्वर के ध्यान में ही लीन हो गयी हो।

दिव्य शृंगार की लीलाएँ, शृंगार के अंतर्गत होती है। भक्तों ने राधा-माधव, शिव-पार्वती की शृंगार लीलाओं में भाव-विभोर होकर गाया था। अन्नमाचार्य ने भी अपने इष्टदेव की शृंगार लीलाओं का गायन किया था। अलमेलमंगा रति श्रांता अपने शयन कक्ष में सोयी हुई है। सूर्योदय हो गया, फिर भी अलसाकर सो गयी। प्रिय सखियाँ देखती हैं-उनमें एक सखि बनकर अन्नमाचार्य गाने लगते हैं। निम्न लिखित पद का तात्पर्य है - "मधुर-वचन जिनकी मिठास मधु के समान है, वह सोयी हुई है। क्यों? इसलिए कि उसका प्रिय मिलन हुआ था। शयन मंदिर सोयी हुई चमकती उसके चेहरे पर अलकें बिखरी हैं और सुबह होने तक अपने प्रिय विभु के साथ शृंगार लीलाओं के कारण शांत होकर अब भी सोयी हुई हैं। मोतियों से सजी हुई पलंग पर रात भर की रति क्रीड़ा से थकी सोयी हुई है। इस पद का शायद अनुवाद ही नहीं हो सकता। भाव -माधुर्य और भाषा-माधुर्य का यह बेजोड़ उदाहरण है-

"पलुकु तेनेल तल्लि पवलिंचेनु
कलिकितनमुन प्रियुनि कलसिनदिगान।।"[7]

नायिका रूप में स्वयं को भावित करके अपने आराध्य नायक के दिव्य सौंदर्य का चित्रण करते हुए वे कहते हैं-गोपांगनाओं के वक्षोजों पर शोभित होने वाली कस्तूरी की छाप इसी की हैं श्री लक्ष्मी के अपांग-दृष्टि में शोभित काजल की छाया इसी की छाया है-

"गोपांगजल मेरुगु गुब्बचन्नुल मीद
चूपट्टु कम्म कस्तूरि पूत इतडु।
जलधिकन्यापांग ललितेक्षणमुललो
कलसिवेलुगुचुनुन्न कज्जलं बितडु।।"[8]

निम्न लिखित पद में -नायिका आराध्य के निरंतर सामीप्य की चिंता करने लगी। उसने कण-कण में उस परम आराध्य का दर्शन करना आरंभ किया। न जाने किसने कहा, वह पंचतत्वों को प्रिय के ही रूप में देखती हैं। प्रिय के बारे में सोचते-सोचते, उनके रूप को मन में लाते-लाते, अचानक

पवन का आलिंगन करती है और आकाश की ओर देख हठात उसके नयन हर्ष से विस्फारित हो जाते हैं-

"निनुदलचि ललितांगि नीरूपमात्मलो
गानि नीवुगा बयलु
कौगिलिंचिनदि
तनर नाकाशत्तवमु वीमत्वमान
निनुबोगडि नीरूपु कनुदोइ केदुरैन
तनिविदीरक बयतुलग जूडतोडगि।
मुनुकोन्न सर्वतोमुखुडवनग मिन्नु
वेनुक नीभावमुनु विनेनोगानि।।"[9]

जीवात्मा रूपी नायिका अलमेलमंगा का परम विभु वेंकटेश्वर के प्रति अनन्य प्रेम का मधुर वर्णन है-

"वलवनेरितिगानि वादिंच नेररा, मेलगि
नीवेहूंडिना मेच्चकुंड लेनुरा।
विसिगि नीवूरकुन्ना पिलुवनेरुतुगानि, तेगि
नीतोनलिगि साधिंच नेररा।
ओगि निन्नु गानकुन्नानुसुर नेर्तुनुगानि, बेगरै
येंदुंटिबनि वेंगेमाड नेररा।"[10]

"हे प्रिय! मैं तुम से प्यार तो कर सकती हूँ, लेकिन तुम से मान नहीं कर सकती। तुम चाहे कैसा भी रहो, तुम्हारी प्रशंसा किये बिना मुझ से रहा नहीं जाता। रूठकर अगर तुम नहीं आते तुम दर्शन नहीं देते तो मैं व्याकुल होती हूँ, किंतु मैं तुम से क्रोध नहीं कर सकती।"

नायिका ही नहीं नायक भी विरह-व्याकुल है। परस्पर अनुराग की छटा भक्त

को भाव-विभोर करती है। सखी कहती है-

"एटटु दोरकेने चोलिय निद्दारिकि निट्टुवंटि
पट्टि निलुपगरानि नरुवैन वलपु।

निडिवि तमकमुलच निट्टूर्पुलिवे नीकु
अडियास तमकंबु लातनिकिनि।
कडलेनि वेदनल कन्नील्ले नीकु
अलरू परितापंबु लातनिकिनि।"11

"दोनों को परस्पर तीव्र अनुराग का भाव कहाँ मिला? नायिका यहाँ आहें भरती हैं और उधर नायक निराश खिन्न बैठे रहते हैं। यह सदा अनमन-सी अकेली बैठी आँसू बहाती है तो वे प्रायः खिन्न रहते हैं।

निम्न लिखित पद भाव-इस प्रकार है -

निरंतर प्रिय के ध्यान में मग्न प्रेमिका अचानक प्रिय को सामने पाकर आनंद विभोर हो जाती हैं। प्रेमिका की उस सारी उत्कण्ठा में सहसा लज्जा, हर्ष, आवेश, जड़ता आदि न जाने कितने ही भाव उदित होते हैं। वह हड़बड़ा जाती है। वह कितना चाहती है कि शीतल उपचारों से प्रिय को रिझाये किंतु अचानक उसके सामने पड़ने से लज्जा से जड़ हो जाती है। उसके स्पर्श मात्र से मोहित हो जाती है और हाथ जोड़कर प्रणाम करना भी भूल जाती है-

"एमिसेतु नाभाग्यमु येरिगियेरंगनीदु
ना मोहमे मिक्कुटमै नन्नु दडवरचेनु।
ग्रक्कुन नीवेदुरैते कडुसिग्गुरेगुंगानि, पेक्कु
उपचारमुल मेप्पिंप मरतु
तक्क नीवंटितेनु तमकमे निडुगानि
चोक्किंचि ना चेतुलु चूपंग मरतु।।"12

अन्नमाचार्य की मधुर भक्ति का प्रवाह संयोग और वियोग रूपी दोनों कूलों को लांघता हुआ सहृदय को रस मज्जित करता है। निश्चित रूप से विभिन्न प्रेमा-भक्ति की धाराओं का संगम इस प्रवाह को तीव्रतर करता है।

भक्त की आत्मा उस परमात्मा से अपना कोई भी संबंध माने, उसकी परिणति रस रूप परमात्मा की लीलाओं का रस पान होता है। किंतु भक्त की आत्मा तभी पूर्णतया संतुष्ट हो सकती है, जब उसको उन लीलाओं के अगाध अमृत रस प्रवाह में बार-बार गोते लगाने का सौभाग्य मिलता है। यह बात

तभी हो सकती है जब वह सर्वात्मना अपने को ही भगवान की प्रेयसी मान लेता है और उससे मिलने की उत्कट आकांक्षा लिये विरह का तीव्र अनुभव करता है।"

अन्नमाचार्य श्री वेंकटेश्वर और श्रीकृष्ण में अभेद मानते हैं। राधा-कृष्ण की प्रणय लीलाओं का भी उन्होंने वर्णन किया, किंतु मधुर भक्ति की चरम सीमा यह है कि नायिका भाव में स्वयं को प्रिय भगवान की देवी अलमेलमंगा मानकर मधुर पदों की रचना की थी। इन पदों में माधुर्य भक्ति का विशुद्ध रूप व्यंजित होता है। उनमें कहीं लौकिकता की गंध नहीं है। उन पदों में शृंगार भक्ति की अकलुषित भाव धारा में सहृदय को रस मग्न करने की अपूर्व शक्ति है।

डॉ.संगमेशम् का यह कथन अवलोकनीय है-"अन्नमाचार्य की मधुर - भक्ति भावना में आलवारों के समान प्रेम भक्ति की स्निग्ध धारा मिलती है, गीत गोविंद में जयदेव की प्रेममय भक्ति धारा, भागवत पुराण एवं श्रीकृष्ण कर्णामृत में प्रतिपादित राधा और गोपिकाओं की भक्ति की सुमधुर रसधारा भी मिलती है।" इसके साथ ही अन्नमाचार्य के अपने इष्टदेव श्री वेंकटेश्वर की देवी अलमेलमंगा के तादात्म्य की भावावस्था में स्वयं की उज्ज्वल भक्ति-धारा भी स्पष्ट परिलक्षित होती है। लोक-जीवन की निश्चल प्रेमधारा का भी यहाँ सहज प्रवाह देखने को मिलता है। अन्नमाचार्य के नायक परम पुरुष साक्षात् परब्रह्म ही श्री वेंकटेश्वर हैं। अन्नमाचार्य ने इस दिव्य पुरुष के लीला-गायन में मधुर - भक्ति की रस धारा को बहाकर भक्त हृदयों को आप्लावित किया।

***

## संदर्भ सूची :

1. आंध्र प्रभा साप्ताहिक (18.05.1966), श्री जगन्नाथदास गोविंद दास का लेख।
2. अन्नमाचार्य और सूरदास-पृ.77, एम.संगमेराम् तिरुमल तिरुपति देवस्थानम्, तिरुपति
3. अन्नमाचार्य और सूरदास-पृ.1, एम.संगमेशम् तिरुमल तिरुपति देवस्थानम् तिरुपति
4. आकेल्ल विभीषण शर्मा -श्रीनिवास विलासम - पद - सं- 3
5. अन्नमाचार्य.लिरिक्स.ब्लॉगस्पॉट.कॉम-पद सं 252
6. अन्नमाचार्य.लिरिक्स.ब्लॉगस्पॉट.कॉम पद -सं – 119
7. अन्नमाचार्य.लिरिक्स.ब्लॉगस्पॉट.कॉम - पद -सं -62
8. अन्नमाचार्य.लिरिक्स.ब्लॉगस्पॉट.कॉम पद सं -123
9. अन्नमाचार्य.लिरिक्स.ब्लॉगस्पॉट.कॉम पद -सं - 79
10. अन्नमाचार्य.लिरिक्स.ब्लॉगस्पॉट.कॉम पद -सं – 135
11. अन्नमाचार्य.लिरिक्स.ब्लॉगस्पॉट.कॉम पद -सं-104
12. अन्नमाचार्य.लिरिक्स.ब्लॉगस्पॉट.कॉम पद -सं 639

* * *

प्रो. माणिक्यांबा 'मणि'

# सप्तम अध्याय
# अन्नमाचार्य के पद-साहित्य में समन्वयात्मक दृष्टि

भारतीय इतिहास में मध्ययुग बड़ा घटना संकुल एवं अनेक राजे-रजवाड़ों के शासन में छोटे-छोटे राज्यों में बंटा हुआ था। हिंदू धर्म भी राजाओं के संरक्षण में विविध रूपों में विद्यमान था। शिव, राम, कृष्ण की आराधना करने वाले, षट् दर्शन के आधार पर परब्रह्म की उपासना करने वाले, योग मार्ग के अनुयायी, शक्ति की उपासना करनेवाले शाक्तेय, कापालिक आदि संपूर्ण भारत में फैले हुए थे। शिव की उपासना करने वाले 'शैव' कहलाते थे और विष्णु के अनेक भक्त वैष्णव कहलाते थे। बीच-बीच में शैवों और वैष्णवों में संघर्ष होता था। वैचारिक दृष्टि से भी उनमें मतभेद था। अन्य संप्रदायों में भी एकता का भाव नहीं था। समाज में भी ऊँच-नीच का जाति भेद, अस्पृश्यता, अंधविश्वास, सामाजिक दुराचार आदि सर्वत्र व्याप्त थे।

अन्नमाचार्य ने स्वयं वैष्णव भक्ति-पद्धति में शरणागति एवं मधुर भक्ति के अद्भुत समभाव के साथ वेंकटेश्वर की आराधना की थी। एक सहज भक्ति भावना में मग्न कवि होने के बावजूद समाज की विषम दशा का भी उन्होंने अनुभव किया और अपने पदों में समाज में समन्वय की भावना को जागृत करने की कोशिश की थी। आगे उस सामंजस्यपूर्ण दृष्टि का अवलोकन करेंगे।

## अन्नमाचार्य के पद साहित्य में रामकथा

अन्नमाचार्य ने बालाजी वेंकटेश्वर और श्रीकृष्ण में अभेद के साथ भक्ति की परवशता में पद गायन किया था। उसी प्रकार कुछ कीर्तनों में श्रीरामचंद्र

एवं श्री वेंकटेश्वर में एकता स्थापित करते हुए श्रीवेंकटेश्वर में ही श्री रामचंद्र की वीरता, दिव्यता, भक्तजनोद्धार आदि लक्षणों से समन्वित सुंदर मंगलमय रूप का दर्शन किया था। कुछ पद संस्कृत भाषा में लिखे गए थे।इस पद का शब्द-चयन दर्शनीय है -

"देव देवं भजे दिन्न प्रभावं

रावणासुर वैरि रण पुंगवम्।।

राजवर शेखरं रविकुल सुधाकरं

आजानुबाहु नीलाभ्रकायं

राजारि कोदण्ड राजदीक्षा गुरुं

राजीव लोचनं रामचंद्रम्।। देव देवं भजे।।

नील जीमूत सन्निभ शरीरं, घन

विशाल वक्षं विमल जलजनाभं

तालाहि नगहरं धर्म संस्थापकं

भूललनाधिपं भोगिशयनम्।। देव देवं।।

पंकजासन विनुत परम नारायणं

शंकरार्जित जनक चाप दलनं

लंका विशोषणं लालित विभीषणं

वेंकटेशं साधु विबुध विनुतम्।। देव देवं।।"[1]

देवताओं के देवता, दिव्य प्रभाव संपन्न, शत्रु रावण का संहार करनेवाले ,रघुवंश में श्रेष्ठ श्री रामचंद्र की मैं सेवा करता हूँ। राजाओं में श्रेष्ठ एवं मुकुट मणि, रघुवंश के लिए चंद्रमा समान, नील मेघ समान जिसकी काया की छवि है, आजानुबाहु (जिसकी बाहें जानु का स्पर्श कर रहे हैं), क्षत्रियों के शत्रु परशुराम के राज कोदण्ड (श्रेष्ठ कोदण्ड) को संधान करनेवाले राजीवलोचन रामचंद्र की सेवा करता हूँ।

नील घन समान श्यामल जिसकी शरीर कांति है, स्फीत (विशाल) वक्षस्थल जिसका है, जिसकी नाभि में कमल शोभित है, पर्वत पर स्थित ताल वृक्षों की श्रेणी के पीछे छिपे वालि को वृक्षों को छेद कर संहार कर धर्म

## प्रो. माणिक्यांबा 'मणि'

की स्थापना करने वाले, भूमिसुता सीता के वल्लभ- शेषशयन का मैं भजन करता हूँ।

कमलासन ब्रह्म के द्वारा प्रशंसा पानेवाले, राम स्वरूप श्रीमन्नारायण को, जिसने जनक महराज द्वारा शंकर जी की कृपा से प्राप्त और पूजित शिव धनुष को तोड़ा, लंका में राक्षसों को पराजित कर, विभीषण का आदर जिसने किया, साधु सज्जनों से निरंतर स्तुत्य, देवताओं के परम देवता जो वेंकटाद्रि पर वेंकटेश्वर के रूप में विद्यमान हैं, उसकी आराधना करता हूँ।

श्री रामचंद्र की स्तुति में यह पद-

"देवदेवोत्तम ते नमो नमो
रावण दमन रघुरामा।।
रविकुलांबुधि सोम राम। लक्ष्मणाग्रज !
भुवि भरत शत्रुघ्न पूर्वज
सवन पालक कौसल्यानन्द वर्धन
धवलाब्ज नयन सीतारमण ! देवदेवोत्तम !।।
दनुज संहारक दशरथ नन्दन
जनक भूपाल जामाता
विनमित सुग्रीव विभीषण समेत
मुनिजन विनुत सुमुख सुचरित्र !।। देवदेवोत्तम।।
अनिलज वरद अहिल्या शाप विमोचन
सनकादि सेवित चरणाम्बुज
घनतर श्रीवेंकटागिरि निवास
अनुपमोदार विहार गंभीरा।। देवदेवोत्तम।।"[2]

हे रघुराम! रावण के अहंकार का दमन करनेवाले! हे देव! हे देवों में श्रेष्ठ ! नमन करता हूँ।

हे रघुकुल के समुद्र के चंद्रमा! हे लक्ष्मण के अग्रज राम! भरत-शत्रुघ्न के भ्राता। कौसल्या को आनंदित करने वाले ! श्वेतकमल समान नयन वाले। सीता में रमने वाले, हे राम! मैं नमन करता हूँ।

हे दशरथनंदन! महाराज जनक को जामाता ! हे राक्षसों का संहार करने वाले! हे सुमुख! हे सच्चरित्र! सुग्रीव और विभीषण ही विनीत नहीं, मुनिजन भी तुम्हारी स्तुति करते हैं। हे देव देव! तुम्हारा नमन करता हूँ।

हे वायुनंदन को वर देनेवाले! हे अहल्या को शाप-मुक्त करने वाले! सनक , सनन्द आदि ऋषि मुनि तुम्हारे चरण कमल की सेवा करते हैं। हे राम! आज श्रेष्ठ वेंकटगिरि पर गंभीर, उदार एवं अनुपम तुम्हीं वेंकटेश्वर के रूप में निवास करते हो।

इस पद में रामायण के सभी चरित्रों के नाम के आधार पर रामायण की कथा का संकेतात्मक निरूपण करते हुए प्रतिपादित करते हैं कि त्रेता युग के वे राम ही कलियुग में वेंकटाद्रि पर वेंकटेश्वर स्वामी के रूप में विराजमान है।

''नमो नमो रघुकुल नायक दिविज वन्द्य!
नमो नमो शंकर नगजा नुता।।
विहित धर्मपालक वीर दशरथ राम
गहन वासिनी तारक (ताडका )मर्दन
अहल्या शापमोचन असुर-कुल भंजन
सहज विश्वामित्र सवन रक्षक।।नमो।।
हर कोदण्डहर सीतांगनावल्लभ
खर दूषणारि वालि गर्वापहा
तरणि तनूजादि तरुचरपालक
जलधिलंघन कृत सौमित्रि समेता।।नमो।।
विरुद रावण-शिरोभेदक विभीषण
वरद साकेत पुरवास राघव
निरुपम श्रीवेंकटनिलय विजयनगर
पुरवर विहार पुण्डरीकाक्ष।।नमो।।''[3]

हे रघुवंश के नायक! देवताओं द्वारा नित्य नमस्कृत। ईश्वर-पार्वती संस्तुत हे राम! तुम को नमस्कार!

हे परमवीर दशरथ राम! धर्म पालन के लिए प्रसिद्ध! गहन वन में निवास करनेवाली राक्षसी जिसने विश्वामित्र के यज्ञ में बाधा डालने की कोशिश की, उस ताटका (ताडका) का वध करने वाले! अहल्या का शापविमोचन करनेवाले! राक्षस कुल नाशक ! विश्वामित्र के यज्ञ की रक्षा करनेवाले सहज स्वरूप! शिव धनुष को तोड़नेवाले! सूर्यपुत्र सुग्रीव एवं अन्य वानरों की रक्षा करनेवाले! लक्ष्मण के साथ विशाल सागर को लांघनेवाले! विभीषण को वरदान देनेवाले। रावण के शिरों को संहार करनेवाले। विजयनगर पुर में विहार करनेवाले पुण्डरीकाक्ष (कमलनयन) अत्यंत महान, वेंकटाचल पर श्रीवेंकटेश्वर के रूप में विराजमान हे श्रीराम! तुम्हें प्रणाम! (विजयनगर का विष्णु मन्दिर पुण्डरीकाक्ष (कमलनयन) मन्दिर के नाम से जाना जाता है)

इस पद की यह विशेषता है कि संबोधनों के माध्यम से श्रीराम के जीवन चरित्र को अन्नमाचार्य ने चित्रमय रूप में प्रस्तुत किया है। इसमें ताटका वध से लेकर रावण संहार की कथा को समेट लिया गया है।

## सर्व देवों का श्री वेंकटेश्वर में समाहार

"ब्रुवन्ति बौद्धाः बुद्ध इति
स्तुवन्ति भक्ताः सुलभ इति।।
गदन्ति किल सांख्या: अयं पुरुषं
पद वाक्य ज पदमिति।
विदन्ति त्वां वेदान्तिनः
सदा ब्रह्म लसत्वदमिति च।। ब्रुवन्ति।।
जपन्ति मीमांसकाः त्वां च
विपुल कर्मणो विभव इति
लपन्ति नय सकला स्सततं
कृपालु कर्ता केवलमिति च।।ब्रुवन्ति।।
भजन्ति वेंकटपतये मुनयोः

अयं अणिमादिप्रद मतुलमिति
गुणवन्तं निर्गुणं पुनरिति
गृह्णन्ति सर्वे केवलमिति च।।ब्रुवन्ति।।''[4]

बौद्ध धर्म के अनुयायी तुम्हें बुद्ध कहते हैं। भक्ति मार्ग के अनुयायी तुम्हें भक्त सुलभ कहते हैं, पदवाक्य ज्ञान संपन्न पंडित तुम्हें 'शब्द ब्रह्म' कहते हैं, वेदांती तुम्हें 'नित्य प्रकाशमान', 'ब्रह्म स्वरूप' कहते हैं। सांख्य शास्त्रविद् 'परम पुरुष स्वरूप' कहते हैं, मीमांसा शास्त्र के विद्वान तुम्हें "कर्म स्वरूप" मानते हैं, नैयायिक तुम्हें 'दया स्वरूप' कर्ता के रूप में अभिवर्णन करते हैं।

इसका तात्पर्य है, श्री वेंकटेश्वर, सभी शास्त्रों के द्वारा प्रतिपादित एवं सर्वमान्य हैं। श्री वेंकटेश्वर को बौद्ध धर्मावलंबी बुद्ध के रूप में, भक्ति मार्गानुयायी भक्त जन सुलभ के रूप में, पद वाक्य वेत्ता वैयाकरणी शब्द ब्रह्म के रूप में, सांख्य शास्त्री "पुरुष स्वरूप" के रूप में, मीमांसा शास्त्र के विद्वान् "कर्म स्वरूप" मानकर नैमायिक दया स्वरूप कर्ता के रूप में सदा स्तोत्र गान करते हैं।

निम्न पद में इसी भावना को साधारण जन समुदाय के व्यवहार की भाषा में व्यक्त किया गया है-

''येंत मात्रमुन एव्वरु तलचिन अन्तमात्रमे नीवु
अन्तरान्तरमुलेंचि चूड, पिंडन्तेमिप्पटि अन्नट्लु
कोलतुरु मिमु वैष्णवुलु, कूरिमितो विष्णुडनि
पलुकुदुरु मिमु वेदान्तुलु, परब्रह्मबनुचु
तलुतुरु मिमु शैवुलु, तगिनि भक्तुलनु शिवुडनुचु
अलरि पोगड्डुदुरु कापालिकुलु, आदि भैरवुडनुचु
सरि निम्मेदरु साक्तेयुलु, शक्ति रूपमीवनुचु
दरिशनमुल मिमु नाना विधुलनु तलपुल कोलदुल भजिंतुरु।
सिरुल मिमुने अल्पबुद्धि, तलचिन वारिकि अल्पम्बगुदुवु
दरिमल मिमुने घनमनि तलचिन, घन बुद्धुलकु घनुडवु
नीवलनकोरितो लेदु मरि नीरु कोलदि तामरपु

### प्रो. माणिक्यांबा 'मणि'

आवल भागीरथि दरि बावुल आ जलमे ऊरिन यट्लु
श्रीवेंकटपति नीवैते, ममु चेकोनि उन्न दैवमनि
ईवलने नी शरणमनिएदनु, इदिये परतत्वमु नाकु।।"5

इस पद में अन्नमाचार्य ने सहज सरल बोलचाल की भाषा में अत्यंत महत्वपूर्ण दार्शनिक/तात्विक दृष्टि को समझाया है जो सबके लिए अनुकरणीय है। वह परमात्मा एक ही है। वह इस संसार में अनेक देवी देवता के रूप में विद्यमान है-जो अनेक दार्शनिक चिंतनों के रूप में प्रचलित हैं।

इस पद का तात्पर्य है-"जिस प्रकार तुम भगवत् स्वरूप का भावना करते हो, उसका उतना ही उसी रूप में परब्रह्म तुम्हें मिलेगा। अंतरंग में तुम्हारी भक्ति भावना का प्रतिफलन भी उसी रूप में होगा। वैष्णव अत्यंत भक्ति भावना से तुम्हें 'विष्णु' के रूप में पूजा करते हैं। वेदांत में पारंगत तुम्हें 'परब्रह्म' कहते हैं। शैवमत के अनुयायी परम भक्त तुम्हें 'शिव शम्भु' के रूप में स्मरण करते हैं। कापालिक 'आदिभैरव' के रूप में स्तुति करते हैं। शाक्तेय (शक्ति की आराधना करनेवाले) विश्वास करते हैं कि तुम 'शक्ति' के रूप में विद्यमान हो। नानाप्रकार के दर्शन तुम्हें अपने विचार के अनुरूप तुम्हारा भावन करते हैं और आराधना करते हैं। भक्त की भावना शक्ति जितनी ऊँची और सघन है, उतनी ही महान् तुम्हें देखता है-महान् के रूप में पूजा करता है। तुम्हारी करुणा दृष्टि से ही मनुष्य इस संसार में कमल के ऊपर जल बिंदु के समान रह सकता है। गंगा ही जैसे कूपों में जल के रूप में रहती है। हम मानते हैं हमारा दृढ़ विश्वास है कि श्री वेकंकटाद्रि पर स्थित तुम ही हमारे लिए 'परम दैव' हो। इतना ही जाना है कि तुम्हीं परतत्व हो और मेरे लिए शरणागति हो।

"मा जहीहि दृष्टमना इति
योजय तव पदयुगामृतेन।।
परमात्मन् मम पामर चित्तं
चिरं पापं चिकीर्षति
करुणानिधेः अकारण बन्धो

गुरुतरां कृपां कुरु मयि देव।। मा जहीहि।।
अन्तर्यामी हरे मदाशा
सन्ताप एव समेधते
दान्ति करानन्त गुणनिधे
भ्रान्तिं वारय पावन चरित।। मा जहीहि।।
नलिनोदर मां नाना मोहा
विलसत्कृतीव विमोहय
कलित वेंकटनाथ त्वं
सललित प्रसादय स्वामिन्।। मा जहीहि।।[6]

हे परमात्मा, दुष्ट मन समझ कर तुमसे मुझे दूर नहीं करना। हे देव! अज्ञान से भरे मेरा चित्त निरंतर पाप के प्रति आसक्त रहता है, पाप कर्म करता है, हे करुणानिधि! अव्याज प्रेम से भरे हे बंधु! मेरे प्रति विशेष कृपा करो, तुम्हारे चरणामृत की धारा में मुझे मगन करो। हे अंतर्यामी, हे श्रीहरि, मेरी आशा ही मेरे संताप की वृद्धि का कारण है। इंद्रियों पर वश करने के लिए अनन्त गुणों से परिपूर्ण परमात्मा, सकल जीवों की चेतना स्वरूप, हे स्वामिन ! मेरे मोह को दूर करो। मेरी रक्षा करो। तुम्हारी दिव्य लीलाओं के अनुगम्य बनाकर मुझे कृतार्थ करो।

"श्रीमन्नारायण श्रीमन्नारायण
श्रीमन्नारायण श्रीपादमे शरणु।।
कमलासती मुखकमल कमलहित
कमलप्रिय कमलेक्षणा !
कमलासनहित गरुड गमन श्री
कमलनाभ नी पदकमलमे शरणु।।श्रीमन्नारायण।।
परमयोगिजन भागदेय श्री
परम पुरुषा! परात्पर !
परमातुम परमाणुरूप श्री
वेंकटगिरि देव शरणु।।श्रीमन्नाराण।।"[7]

हे श्रीमन्नारायण ! तुम्हारे श्री श्रीकर चरणों के ही शरण में हूँ। कमल के समान मुख- लक्ष्मी के लिए प्रियतम! कमलों से प्रीति रखनेवाले, कमल आसन प्रिय हे कमल नयन ! गरुड वाहन ! हे कमलनाथ! तुम्हारे चरणकमलों में स्थित मैं शरण मांग रहा हूँ। परम योगियों के भाग्य विधाता! हे परम पुरुष! परात्पर, परमात्मा स्वरूप, विशाल विश्व में परमाणु स्वरूप, हे स्वामि! वेंकटगिरि पर वेंकटेश्वर के रूप स्थित हो, मैं तुम्हारा शरणागत हूँ। यहाँ 'अणोरणीयान् महतो महीयान' के अनुसार सूक्ष्म ब्रह्म ही वेंकटेश्वर के रूप में प्रतिपादित है।

भगवद्गीता और समस्त शास्त्रों ने समदृष्टि के महत्व का जनघोष किया किंतु समाज में समता के स्थान पर असमानता ने ही राज्य किया। द्वेष भाव बढ़ गया। फलस्वरूप अस्पृश्यता आदि सामाजिक दुराचार सर्वत्र व्याप्त हो गये।

अन्नमाचार्य के समय में जातिभेद आदि दुराचारों का बोलबाला हो गया था। इस स्थिति को समझकर अन्नमाचार्य ने उद्घोष किया कि जाति से बढ़कर गुण महत्वपूर्ण है। गुण के कारण किसी व्यक्ति को उत्तम स्थान मिलना चाहिए न कि जाति के आधार पर। प्रचलित सामाजिक दुर्दशा का विरोध करते हुए अन्नमाचार्य ने कहा-जाति से भेदभाव करना व्यर्थ है। आत्मशुद्ध हर मनुष्य पूजनीय है। अजामिल को पूजा जाता है - वे किस जाति के हैं? हमारी परंपरा कहती है कि व्यक्ति के लिए महत्वपूर्ण है-उसके उदार गुण एवं चरित्र। इसलिए जाति को महत्व न देकर अजामिल को महान् भक्त माना जाता है।

अन्नमाचार्य के अनुसार जाति का भेद शरीर के गुण हैं, शरीर के साथ वे समस्त गुण समाप्त हो जाते हैं। सब में व्याप्त परमात्मा सदा परम शुद्ध है। उसमें कभी दोष नहीं होता। उसके बाद परम ज्ञान यही है कि उस परम विभु का सेवक बनकर नित्य सेवा करो।

"विजातलन्नियु वृथा वृथा
अजामिलादुल कदि ये जाति।।

जाति भेदम्मुलु शरीर गुणमुलु
जाति शरीरमु सरि तोडने चेड्डु।
आतुम परिशुद्धंबेपुड्डु अदि निर्दोषंबनादि
ईवल हरि विज्ञानपु दास्यं इदि योक्कटे पो।। विजातु।।
हरिइंदरिलो नन्त रात्मुडितडे
धरणि जाति भेदमु लेंचिन
परम योगुली मष्टमदमु भव विकारमनि मानिरि
धरणिलोने परतत्व ज्ञानमु धर्ममूलमे सुजाति।।
लौकिक वैदिक लम्पट्ुलकु निव्वि
कैकोनु नवश्य कर्तव्यम्बुलु
श्रीकान्तुड्डु श्री वेंकटपति संपादन मिंदरिकि
चेकोनि उन्न मीनाममे सुजाति।।विजातु।।'"[8]

इस संसार में जितनी जातियों की गणना करो परम तत्व यही है कि सब प्राणियों में व्याप्त सर्वात्म स्वरूप हरि एक ही है। परम योगियों ने इस जाति भेद को नहीं माना और उन्होंने जान लिया कि इस धरती पर धर्म का मूल या परम तत्व यही है कि सर्वात्म स्वरूप परब्रह्म ही एकमात्र है। इसका ज्ञान जिसे है उसकी ही सुजाति है। इस संसार में लौकिक आचार विचार को महत्व देनेवालों को तुरंत इस धर्म रहस्य को जानना चाहिए। इस तरह भेदभाव का अवरोध कर जो श्रीवेंकटेश्वर के सान्निध्य को प्राप्त करते हैं, उनकी जाति ही सुजाति है।

अन्नमाचार्य ने देखा-समाज में जो साधन हीन, गरीब , पिछड़े व्यक्तियों को अवसर नहीं देते हुए संपन्न एवं कुलीन लोगों के लिए सभी संसाधन उपलब्ध होते हैं। उस स्थिति का निराकरण करते हुए कहा था- "अंधेरे में दिया जलाना चाहिए ताकि प्रकाश से भर जाय! प्रकाश में दिया जलाने की आवश्यकता ही क्या है?

"तेलिय चीकटिकि-दीपमेत्तक पेद्द वेलुंगु लोपलिकि-वेलुगेल!"

बोलचाल की भाषा में अन्नमाचर्य ने अपने पदों से प्रभावित किया।

"तनमेल कुलमेल तपमें कारणमु
चेलमि हरिदासुलु ये जाति नैन नेमि।।
काकमुवल्ल बुट्टदा घनमैन अश्तत्थमु
दाकोनि गुल्ललो बुट्टदा मुत्तेमु
चौकैन विषलतने जन्मिंचदा निर्विषमु
येकड महानुभावुलेंदु पुट्टिरेमि
बिडिपिराल्ला बुट्टुवा चेलुवैन वज्रमुलु
पुडमि नीगलवल्ल बुट्टदा तेने
वेडगु बिल्लि मेननुवेल्लदायेना जव्वादि
वुडिवोनि पुण्यु नुदयिंचि रेमी।
पंकमुलो पुट्टदा परिमलपु दामर
पोंकपु कीटकमुलंदु पुट्टदा पट्टु
कोंकक श्री वेंकटेशु कोलचित दासुलु
संकलेनि ज्ञानुलेंदु जनियिंचि रेमि।।"[9]

जाति के कारण कोई अंतर नहीं होता, क्योंकि किसी भी जाति में गुणवान महान जन्म ले सकता है? तब जाति से गुण को ही महत्व मिलना चाहिए और मिलता भी है। तब उस व्यक्ति को गुणी और महान् माना जाना चाहिए वह किसी भी जाति का हो। उपर्युक्त पद का तात्पर्य है-हरि के दास जो भक्त परंपरा के हैं, अपनी साधना एवं तपस्या के कारण महान् हुए चाहे किसी भी जाति के हों!

गहन, बड़ा अश्वत्थ वृक्ष काक (कौआ) के कारण जन्म लेता है न ? कौआ अपने चोंच में बीज लेकर जहाँ डाल देता है वहीं अश्वत्थ वृक्ष/ बड़ा पीपल का पेड़ हो जाता है। खाली नगण्य सीपों में क्या मोती नहीं बनता? अनेक उदाहरणों से, जो सृष्टि में व्याप्त है, अन्नमाचार्य ने प्रतिपादित किया है कि तपस्या का ही महत्व है, जाति का नहीं है।

कहाँ-कहाँ महानुभाव पैदा होते हैं, पता ही नहीं। केवल उच्च कुल में नहीं, अन्य नीच कुल में भी महान व्यक्ति जन्म लेते हैं। क्योंकि जन्म से नहीं, अपनी तपस्या से और अपने गुणों से व्यक्ति महान बनता है, जाति से नहीं।

कठोर पत्थरों के बीच ही क्या वज्र तैयार नहीं होता? क्या धरती पर मक्खियों से मधु (शहद) तैयार नहीं होता? पुण्य के भागीदार कोई भी हो सकता है अपने कर्मों के कारण-जाति के कारण नहीं। क्या कीचड़ में कमल जन्म नहीं लेता। वह तो अपने सुगंध से धरती को भर देता है। क्या कीड़ों से रेशम (सिल्क) पैदा नहीं होता? श्री वेंकटेश्वर की भक्ति साधना में लीन कोई भी भक्त हो, हरिदास के रूप में ही जाना जाता है, उसकी जाति को कोई महत्व नहीं देता।

"वासिवन्तु विडिचिनवाडे योगि
आसलल्ला विडिचिन अतडे योगि।।
गद्दिंचि पारेड्डु तुरगमुवंटि मनसु
वद्दनि मरलिंचिनवाडे योगि
वद्दने कोण्डलवंटि उन्नत देह गुणालु
दिद्दि मट्टु पेट्टुवाडे धीरुडैन योगि।
मुंचुकुन्न इंद्रयपु मोह जलधिलाने
वंचन मुनुगनट्टि वाडे योगि
पोंचि पुण्य पापमुलु पोट्टवंटि कर्ममुलु
दंचि पारजल्लुवाडे तत्वमैन योगि।
वेगट्टु कामादुलु वेल्लगोट्टि शान्तुडै
वगलुडिगिनयट्टिवाडे योगि
निगिडि श्रीवेंकटपति निजदासुडै भक्ति
दगिलि निलुपुवाडे धन्युडैन योगि।।"[10]

उपर्युक्त पद में अन्नमाचार्य ने योगी के लक्षणों का विवरण देते हुए आंतरिक विराग को महत्व दिया। केवल शारीरिक योग साधना से कोई लाभ

नहीं। इस प्रकार सच्चे योगी को पहचानने में भी उनके विचार सहायक होते हैं।

इस पद का तात्पर्य है कि समस्त सांसारिक बंधनों से मुक्त होनेवाला ही योगी कहलाता है।

इंद्रियाँ घोड़ों के समान मन को खींचते अपने वश में करना चाहते हैं तो उस मन को उस रास्ते से हटाकर ले चलनेवाला ही योगी है। देह की पहाड़ जैसी इच्छाओं को पूरी तरह नष्ट कर सकने वाला धीर व्यक्ति ही योगी है। इंद्रियों के मोहमय समुद्र में जो डूबता नहीं वह ही योगी है। पाप-पुण्य के कर्मों को धान जैसे कूट कर थोथा को उड़ा देनेवाला तात्विक योगी है। काम आदि षट्शत्रुओं को (काम, क्रोध, मद, मत्सर आदि) अपने मन से निकाल कर जो शांत चित्त होता है, वह योगी कहलाता है। मोह नहीं रखने वाला ही योगी है। उच्चतम वेंकटाद्रि पर स्थित श्री वेंकटेश्वर में भक्ति और अचंचल विश्वास के साथ जो दास बनता है, वही योगी है।

योग साधना की आंतरिक प्रक्रिया को विशेष महत्व दिया गया।

इस पद में अन्नमाचार्य ने सांसारिक जीवन का तात्त्विक विश्लेषण किया -

"नानाटि बदुकु नाटकमु
कानक कन्नदि कैवल्यमु।
पुट्टुटयु निजमु पोवुटयु निजमु
नट्टनडिमि पनि नाटकमु
येट्टयेदुट गल दी प्रपंचमु
कट्टकडपटिदि कैवल्यमु।
कुडिचेदन्नमु कोक चुट्टेडिदि
नडमंत्रपु पनि नाटकु
वोडि गट्टुकोनिन उभयकर्ममुलु
गडि दाटिनपुडे कैवल्यमु।
तेगदु पापमु तीरदु पुण्यमु

नगि नगि कालमु नाटकमु
येगुवने श्री वेंकटेश्वररुडेलिक
गगनमु मीदिदि कैवल्यमु।।"[11]

इस पद में अन्नमाचार्य ने जीवन की नश्वरता को समझाया है। वे कहते हैं-यह दिन प्रतिदिन का जीवन एक नाटक है। हमें दिखायी देते हुए भी नहीं दिखाई देनेवाला 'कैवल्य' या संसार से मुक्ति है।

जन्म लेना निश्चित है, इस संसार से जाना या मृत्यु भी सत्य है। जन्म और मृत्यु के बीच जो कार्य व्यापार है, वह पूरा एक नाटक के समान है। तुम्हारे सामने जो है वह संसार है और तुम्हारा आखिरी गंतव्य 'कैवल्य' है। तुम अन्न खाते हो, और शरीर ढकने के लिए धोती लपेटते हो। बीच का तुम्हारा जीवन तंत्र पूरा नाटक है। अच्छे बुरे कर्म में लीन रहते हो। इस चक्कर से पार जाओगे तो ही 'कैवल्य' है। पाप-पुण्य में पाप कटता नहीं है, पुण्य कभी समाप्त नहीं होता। बीच का जीवन तुम सुख में रहोगे तो यह नाटक का भाग है। इस शिखर पर स्थित श्री वेंकटेश्वर ही मेरे प्रभु हैं। कैवल्य गगनान्तराल में है। तात्पर्य है-इस जन्म-मरण के बीच कार्यव्यापार का जो नाटक है इससे मुक्ति पाना मुश्किल है। प्रभु वेंकटेश्वर की शरण में जाओ। गगनान्तराल में जो 'कैवल्य' है, उसे तुम ऐसे ही प्राप्त नहीं कर सकते हो। इसलिए शिखर पर स्थित प्रभु वेंकटेश्वर की भक्ति करोगे तो शायद मुक्ति मिले।

अन्नमाचार्य समय-समय पर वैष्णवधर्म की महत्ता को प्रतिपादित करते हैं - "विष्णुडोक्कडे विश्वात्मकुडु ,वैष्णवमे सर्वंबुनु।" साथ ही ब्रह्म एवं परब्रह्म तत्त्व को लोकभाषा में समझाया कि मनुष्य के साथ प्राणी में समान रूप से विद्यमान रहता है। वह भेदभाव नहीं रखता है -

तन्दनान अहि तन्दनान हुरे
तन्दनान भला-तन्द नान
ब्रह्ममोकटे परब्रह्मोक्कटे
परब्रह्ममोक्कटे परब्रह्ममोक्कटे

कंदुवगु हीनाधिकमु लिंदु लेवु
अंदरिकी श्रीहरे अन्तरात्म
इन्दुलो जन्तुकुलमन्तानोक्कटे
अन्दरिकी श्रीहरि अंतरात्म।।
निंडार राजु निद्रिंचु निद्रयु नोकटे
अंतने बंटु निद्र अदियु नोकटे
मेंडैन ब्राह्मणुडु मेट्टुभूमि नोकटे
चण्डालुडुंडेडि सरिभूमि योकटे।।
कडगि येनुगुमीद कायु येंडोकटे
पुडमि शुनकमु मीद बोलयु येंडोकटे
कडुपुण्युलु पापकर्मुलनु सरिगाव
जडियु श्री वेंकटेश्वरूनि नाममोकटे।''[12]

ग्रामीण गीतों की शैली में उपर्युक्त पद में ऊँच-नीच, प्रभु-सेवक, ब्राह्मण-चाण्डाल, दोनों में समानता को प्रतिपादित करने के लिए सूर्य के प्रकाश की उपमा देते हुए सारी सृष्टि में परमात्मा को विद्यमान बताते हुए अन्नमाचार्य ने निरूपित किया। इसलिए समाज में इस प्रकार परस्पर के भेदभाव को अर्थहीन बताया। यह ध्यान देने की बात है कि नैष्ठिक ब्राह्मण परिवार में जन्म लेकर, परम विष्णु भक्त ,वैष्णव संस्कार में रहकर भी, समाज को इस प्रकार व्याप्त अंधविश्वासों को दूर करने का प्रयत्न किया। उन्होंने इस पद में प्राणि-मात्र में परब्रह्म परमात्मा की उपस्थिति को माना।

पद का तात्पर्य है-ब्रह्म एक ही है। परब्रह्म एक ही हैं। यहाँ कोई हीन, कोई अधिक नहीं है। कोई बड़ा-छोटा, धनी-निर्धन, ऊँच-नीच जैसा नहीं है। सबके अंतरात्मा में श्रीहरि है, जो परब्रह्म है। इसमें जड-जंगम, मनुष्य-जंतु सब एक ही हैं। क्योंकि इन सबमें परमात्मा का ही निवास है।

भव्य पलंग पर सोनेवाले राजा की निद्रा और समीप ही धरती पर सोनेवाले सेवक की निद्रा एक ही है। ब्राह्मण के रहने का ऊँचा-समतल भूमि और चाण्डल रहने का अति सामान्य धरती-दोनों एक ही हैं। जानवरों में श्रेष्ठ

हाथी पर पड़नेवाला धूप और अधम माना जानेवाला जानवर शुनक (कुत्ता) पर पड़ने वाला धूप एक ही है। सूर्य दोनों पर अपना प्रकाश समान रूप से बिखेरता है।

इस संसार में वेंकटेश्वर एक ही देवता है जो पुण्यात्मा और पापकर्म के प्रति समान करुणा भाव रखता है और दोनों का उद्धार करता है। अन्नमाचार्य कहते हैं कि करुणामय परमात्मा के लिए सृष्टि के समस्त प्राणी समान हैं। सबको समभाव से देखता है। इसलिए मनुष्य को जड-जंगम प्राणिमात्र के प्रति समान दृष्टि रखनी चाहिए। यह उस समय कह रहे थे जब समस्त समाज वर्ण-भेद, जाति-भेद, अमीर-गरीब आदि अनेक प्रकार के भेदभाव के साथ झुलस रहा था। उन्होंने समस्त मानव समाज को संदेश दिया-परब्रह्म एक ही है, सृष्टि के कण-कण में समान रूप से विद्यमान है।

भगवद्गीता में श्रीकृष्ण ने उद्बोधन किया-"ब्राह्मण, गाय, सुनक, चाण्डाल-इन पर "पण्डिताः समदर्शिनः।" आत्मज्ञान संपन्न मनुष्य इन सब पर समदृष्टि रखते हैं। इस विचार को अन्नमाचार्य ने आत्मसात किया। और सरलता से अभिव्यक्त किया-

"समबुद्ध इन्दरिकी-सर्ववेदसारमु
समुडिन्दरिकी हरि-साधनमोयरया
चीमकु तन जन्ममु-चेरि सुखमै तोचु
दोमकु तन जन्ममु-दोहु सुखमु
आमनि ईगकु सुख-माजन्ममै तोचु
एमिटा एक्कुव सुख-मेवरिकेदय्या।।" [13]

किंतु तत्कालीन समाज में समदृष्टि का अभाव था। अन्नमाचार्य ने सामान्य जन को जनभाषा (माण्डलिक) में पुबोधित किया कि समता का व्यवहार ही वेदों ने प्रतिपादित किया। यही वेदांत सार है। सबके लिए हरि परब्रह्म की साधना ही आचरणीय है। सुख की व्याख्या करते हुए कहते हैं-सुख का तात्पर्य क्या है? चींटी को अपना जन्म सुखमय लगता है। मच्छर अपने जन्म में परम सुख मानता है। मक्खी को भी अपना जन्म ही सुखदायक

लगता है। मनुष्य जन्म लेने के कारण तुम्हारा सुख कुछ ज्यादा है क्या? उत्तर-नहीं। चींटी जैसे प्राणी अज्ञान के कारण अपना जन्म सुखमय मानता है। ज्ञानी मनुष्य होकर तुम मोह में अपने जन्म को उच्च मानकर अन्य को नीच मानने का अपराध करते हो। ज्ञान संपन्न होकर सबके प्रति समभाव और समदृष्टि से व्यवहार करना मानव जन्म लेने के कारण तुम्हारा कर्तव्य है।

श्री वेंकटेश्वर के अनन्य भक्त एवं निरंतर ध्यान में लीन अन्नमाचार्य ने भी अपने चारों ओर व्याप्त सामाजिक विषमताओं पर ध्यान दिया। उन्होंने सामाजिक एवं साधना के क्षेत्र में व्याप्त विषमताओं के प्रति प्रबोधित किया। सामान्य व्यक्ति के लिए आवश्यक ज्ञान को देने की कोशिश की। उन्होंने पंडितों के लिए उनकी भाषा संस्कृत में ही पद रचना करते हुए उनके मूढ आचार विचारों के प्रति सचेत किया। साधारण जन समुदाय के लिए व्यावहारिक भाषा (माण्डलिक भाषा) में उनको सचेत किया, समाज में व्याप्त दुराचारों से दूर रहकर, दुर्गुणों (काम, क्रोध, मद, मत्सर, मोह) के वशीभूत न होकर संतुलित जीवन व्यतीत करते हुए श्री वेंकटेश्वर जो प्रत्यक्ष देव है, उनकी भक्ति को मुक्ति का मार्ग बताया। एक प्रकार से समाज सुधारक की भूमिका में भी अन्नमाचार्य परिलक्षित होते हैं। समन्वय दृष्टि में धनी-निर्धन आदि के साथ संस्कृत, शिष्ट भाषा, लोक भाषा-इन तीनों का समन्वय भी अन्नमाचार्य के पद साहित्य की विशिष्टता है।

***

**संदर्भ सूची :**

1. आकेल्ल विभीषण शर्मा-श्रीनिवास विलासम पद सं. 33
2. आकेल्ल विभीषण शर्मा श्रीनिवास विलासम् पद. सं. 34
3. आकेल्ल विभीषण शर्मा, श्रीनिवास विलासम् पृ.सं.45

4. आकेल्ल विभीषण शर्मा, श्रीनिवास विलासम् पद सं. 58

5. अन्नमाचार्य . लिरिक्स . ब्लॉगस्पॉट .कॉम - पद -सं-65

6. अन्नमाचार्य . ब्लॉगस्पॉट। कॉम -पद-सं -719

7. आकेल्ल विभीषण शर्मा, श्रीनिवास विलासम् पद- सं. 79

8. Annamacharya_lyrics.blogspot.com पद सं. 393

9. Annamacharya_lyrics.blogspot.com पद सं. 555

10. Annamacharya_lyrics.blogspot.com पद -सं -761

11. Annamacharya_lyrics.blogspot.com पद- सं 34

12. Annamacharya_lyrics.blogspot.com -पद -सं -37

13. वी.कृष्णवेणी, साहितीवैभवम्-पृ. सं -23

\*\*\*\*\*\*\*\*\*\*\*\*\*\*\*\*\*\*\*\*\*\*\*\*\*\*\*\*\*\*\*\*\*\*\*\*\*\*

# परिशिष्ट

## लीलाशुक और उनका श्रीकृष्ण कर्णामृत

'श्रीकृष्ण कर्णामृतम' संस्कृत भाषा में रचा गया एक सरस भक्ति काव्य है। तीन आश्वासों (अध्यायों) में विभाजित इस काव्य में कुल 328 श्लोक हैं। इसका रचना काल 12 वीं -13 वीं के बीच माना जाता है। इस काव्य के प्रणेता बिल्वमंगल है जो लीलाशुक्र के नाम से प्रसिद्ध है। जन्मस्थान और निवास के विषय विद्वानों में मतभेद है। कुछ विद्वानों ने बिल्वमंगल को केरल का माना और कुछ आलोचकों ने सप्रमाण आंध्र का निवासी सिद्ध किया। लीलाशुक, बिल्वमंगल स्वामी, बिल्वमंगल स्वामीयर, बिल्वमंगल ठाकुर आदि अनेक नामों से भी प्रसिद्ध थे। केरल और आंध्र - दोनों प्रांतों में 'श्री कृष्ण कर्णामृतम' के श्लोक उस समय से आज तक अत्यंत प्रचलित हैं। आंध्र प्रदेश की एक प्रसिद्ध नृत्य शैली है - कूचिपूडी। इस नृत्य शैली में' कृष्ण कर्णामृत" के अनेक श्लोकों का अभिनय प्रारम्भ से अद्यतन होता आ रहा है। 12 वीं-13 वीं शताब्दियों में केरल, कर्नाटक, आन्ध्र और महाराष्ट्र के अनेक प्रान्त एक राज्य के शासन में थे। इसलिए बिल्वमंगल किसी एक प्रान्त के सिद्ध नहीं कर सकते। इस में कोई संदेह नहीं कि दक्षिण के अनेक प्रांतों में यह अत्यंत प्रसिद्ध ग्रन्थ है। इसके श्लोक शिक्षित समुदाय के घर-घर में प्रचलित एवं लोकप्रिय हैं। छोटे बच्चों को घर में मौखिक रूप से सिखाया जाता था। यह परंपरा कुछ पारिवारों में अब भी है। इस ग्रंथ के अनेक श्लोक मुझे बचपन से ही कंठस्थ हैं। उदाहरण के लिए -

'कस्तूरी तिलकं ललाट फलके, वक्षस्थले कौस्तुभं,<br>
नासाग्रे नवा मौक्तिकं ,करतले वेणुं, करे कंकणं,

सर्वांगे हरिचन्दनं च कलयन , कण्ठे च मुक्तावली
गोप स्त्री परिवेष्टितो विजयते गोपाल चूड़ामणि।"[1]

कहा जाता है कि बिल्वमंगल ने अपने यौवन काल में भोग-विलास में आसक्त लौकिक जीवन व्यतीत किया। वे चिंतामणि नामक वेश्या के संसर्ग में आकर उसके प्रेम में आकंठ निमग्न थे। यह भी प्रतीति है कि उसी वेश्या के प्रबोध से सांसारिक जीवन से विरक्त हो कर सन्यासी जीवन की ओर प्रवृत्त हो गये। यह भी कहा जाता है कि बाद में वेश्या चिंतामणि भी सन्यासी जीवन बिताने लगी थी। भक्ति की परवशता में निरंतर शुकदेव के समान श्रीकृष्ण की लीलाओं का गायन करने के कारण "लीलाशुक' के नाम से प्रसिद्ध हो गये। लीलाओं को शुक के समान मधुर स्वर एवं भाषा में गायन के कारण भी यह नाम सार्थक हो गया।

"The name of the author is Bilvamangala and he acquired the name of Leela Shuka because of his becoming immersed in the Leela of Krishna and describing it in detail like Brahmarshi Shukadeva. He was born in Kerala and lived in the 13th century. He was infatuated with courtesan named Chintamani in his early years. one day seeing his obsession with his love for her, she told him that if he had placed even one thousandth part of his love for her in the Lord, he could become liberated. This, by the divine will of the Lord transformed his life in a moment and he became a great devotee. So in the first invocatory sloka he paid tribute to her."[2]

बिल्वमंगल /लीलाशुक के जीवन काल में संपूर्ण दक्षिण में शैव-धर्म का प्रचार -प्रसार अधिक था। वह स्वयं शैव-धर्म के अनुयायी परिवार का था। किन्तु लीलाशुक महान विष्णु भक्त था। कृष्ण के लोकरंजक लीलाओं पर निछावर था।

उस ने स्पष्ट शब्दों में कहा था--

शैवा: वयं न खलु तत्र विचारणीयं
पञ्चाक्षरी जपा परा निरतां तथापि।
चेतो मदीयमतसी कुसुमावभासं
स्मेरानानं स्मरति गोपा वधू किशोरम।।"[3]

'इस में कोई संदेह नहीं कि हम शैव धर्म के अनुयायी हैं। शिव की उपासना में पञ्चाक्षरी मंत्र का जप करने में भी आसक्त हैं। किंतु मेरा मन गोपवधू किशोर यशोदानन्दन जिसका मुखमण्डल निरंतर मंद स्मित के साथ प्रसन्न रहता है, जो अतसी कुसुम की भाँति भासमान है, उसी कृष्ण का स्मरणं करते रहता है। यहाँ ध्यान देने की बात यह है की 13वीं शताब्दी में ही शैव-धर्म और वैष्णव धर्म में सामंजस्य कुछ भक्तों ने स्थापित किया।

बिल्वमंगल /लीलाशुक्र ने सगुण-निर्गुण उपासना में भी भेद नहीं मानते हुए स्पष्ट किया कि हमारे पूर्वज दहराकाश में स्थित निर्गुण परब्रह्म की उपासना में लीन रहते थे। किन्तु हमारा मन यशोदानन्दन बालकृष्ण की लीलाओं के अमृतमय सिंधु में विहार कर रहा है -

''उपासतात्मविदः पुराणा :
परं पुमांसं निहितं ग़ुहायाम।
वयं यशोदा शिशु बाललीला
कथा सुधा सिन्धुषु लीलयामः !''[4]

बालकृष्ण के प्रति लीलाशुक ने अपनी अनन्य भक्ति को अनेक श्लोकों में व्यक्त किया। किन्तु भक्ति की पराकाष्ठा का यह उदाहरण अवलोकनीय है -

"विहाय कोदंड शरौ मुहूर्तं,
गृहाण पाणौ मणि चारु वेणुम।
मयूर बर्हम च निजोत्तमाङ्गे
सीतापते त्वां प्रणमामि पश्चात।।''[5]

लीलाशुक श्री रामचंद्र की प्रतिमा के सामने खड़े कहते हैं - हे सीतापते ! क्षण भर के लिए कोदण्ड - बाणों को छोड़ दो और मणिजड़ित वेणु अपने हाथों में धारण करो। मोर पंख को अपने उत्तमांग (सिर) पर धारण करो। हे सीतापते ! उसके बाद मैं प्रणाम करूँगा। यहाँ हमें श्री राम के अनन्य भक्त तुलसीदास की यह उक्ति स्मरण में आती है-कृष्ण की मूर्ति के सामने कहते है "-तुलसी मस्तक तब नवै धनुष बाण लेवु हाथ "दोनों की अनन्य भक्ति

स्पृहणीय है। यहाँ ध्यातव्य है कि लीलाशुक/बिल्वमंगल के 'लगभग दो शताब्दियों के बाद तुलसीदास हुए। लीलाशुक का जीवनकाल 12 वीं -13 वीं के बीच माना जाता है और तुलसीदास का 15 वीं -16 वीं के बीच माना जाता है।

दूध, दही, मक्खन का आस्वादन कर उन छींटों से सुशोभित बालक कृष्ण के सौंदर्य को लीलाशुक ने कोमलकांत शब्दावली में चित्रण किया है। इस छंद की लयात्मकता भी इसे गायन शैली में बांधती है -

''अभिनव नवनीत स्निग्धमापीत दुग्धं
धधि कण परिदिग्धं मुग्धमंगं मुरारेः।
दिशतु भुवनकृच्छ्र छेदिता पिंछ गुच्छ
च्छवि नवशिखि पिंछालांछितं वांछितः नः।।''[6]

सद्यः (अभी-अभी) निकाले गये नवनीत से स्निग्ध, कांतिमान दूध पीने के कारण छींटों से भरा मुखमंडल, कभी दही के कणों से भरा सुंदर मुख/चेहरा ऐसा लग रहा है जैसे मानों दही मल दिया हो। अत्यंत सुंदर तमाल वृक्ष के गुच्छों की कांति के समान जगमगाती शरीर छवि, नव नव मयूर पंखों से पहचाना जानेवाले जिसका मोहक रूप है, जो तीनों लोकों के संकटों को छेदने की शक्ति क्षमता रखता हो वह मुरारि श्रीकृष्ण हमारी कामनाओं को पूरा करें। कृष्ण की और एक छवि दर्शनीय है-

''सजल जलद नीलं वल्लवी केलि लोलं
श्रित सुरतरु मूलं. विद्युदुल्लसि चेलम्।
सुररिपु कालं सुन्मनोबिंबलीलं
नत सुरमुनि जालं नौमि गोपाल बालम्।।''[7]

जिसका सजल मेधखंडों के समान नील मेघ शरीर है, जो निरंतर गोपबालाओं के साथ केलि क्रीडा के लिए लालायित रहता है, विद्युल्लता के समान जगमगाता जिसका वस्त्र है, जो कल्प वृक्ष की छाया में रहते हुआ सज्जनों के हृदय दर्पण में निरंतर प्रतिबिंबित होता है, देवताओं के शत्रु कुल

(राक्षस समूह) के लिए मृत्यु रूप है, जिसके सामने देवता एवं मुनि समूह नतमस्तक रहते हैं, उस भक्त जाना प्रिय कृष्ण की मैं वंदना करता हूँ।

गायों को चराकर घर लौटते बाल कृष्ण के धूलि धूसरित होकर भी आकर्षित करने वाले रूप का चित्रण है-

"गोधूलि धूसरित कोमल गोप वेषं
गोपाल बालक शतैः अनुगम्यमानम्।
सायन्तने प्रतिगृहं पशुबन्धनार्थं
गच्छन्तमच्चुतशिशुं प्रणतोस्मि नित्यम्।।"[8]

लीलाशुक कहते हैं-गायों के खुरों से उठी धूलि से धूसरित ग्वालबाल की वेषभूषा में अनेक ग्वाल बाल समूह के साथ सायंकाल पशुओं को बांधने के लिए बालक रूप में घर लौटनेवाला अच्युत श्रीकृष्ण को मैं नित्य प्रणाम करता हूँ। शिशु रूप में किंकिणी रव के साथ चलायमान बालकृष्ण का चित्रण-

"बालाय, नील वपुषे नव किंकिणीक
जालाभिराम जघनाय दिगम्बराय।
शार्दूल दिव्य नख भूषण भूषिताय
नन्दात्मजाय नवनीत वपुषे नमस्ते।।"[9]

श्याम शरीर, नयी किंकिणी समूह से आभूषित मनोज्ञ जघन (कटि) प्रदेश के साथ जो दिगंबर है, शार्दूल के नखों से निर्मित आभूषण से अलंकृत नवनीत चोर, नंद कुमार ! हे बाल कृष्ण ! तुम्हें नमस्कार! दक्षिण में सोने में जड़े बाघ के नख से बना आभूषण गले में माला के साथ बच्चों को पहनाया जाता है।

आगे बालकृष्ण शिशु चेष्टा का चित्रण है, जो किसी भी शिशु की सामान्य चेष्टा है जो मनमोहक होता है , परम पुरुष कृष्ण को उस रूप में, लीलाशुक ने मुग्ध भाव से देखा और बिम्बात्मक चित्रण किया - बालकृष्ण कमल के समान हाथों से चरण कमल को अपने मुख में डाल कर और अंगूठा

मुख़ में रखने की कोशिश करनेवाला बालकृष्ण-जो वटपत्र पर शयन करते हुए शोभायमान है, मैं उसका स्मरण करता हूँ -

"करारविंदेन पदारविंदं, मुखारविंदे विनिवेशयन्तं।
वटस्य पत्रस्य पुटे शयानं, बालं मुकुन्दं मनसा स्मरामि।"[10]

यह गोप वाल कुछ बड़ा होकर गायों का दोहन करते हुए कितना आकर्षक लग रहा था, लीलाशुक ने रमणीय चित्र प्रस्तुत किया-

"बालोयमालोल विलोचनेन, वक्त्रेण चित्रीकृत दिगमुखेन।
वेषेन घोषोचित भूषणेन, मुग्धेन दुग्धे नयनोत्सुकं नः।।"[11]

बालक होने के कारण नयनों में बाल सुलभ सहज चंचलता, किंतु मुख-मंडल दिशाओं को प्रतिबिंबित करता हुआ आश्चर्य चकित करने वाला, ग्वाल बाल के अनुरूप वेषभूषा के साथ, मुग्ध होकर दूध दुहनेवाला नन्दगोप किशोर हमारे लिए नयनोत्सव बन कर प्रत्यक्ष हो रहा है।

किशोर कृष्ण के नयनों की चंचलता समन्वित प्रेममय दष्टि का मधुर वर्णन करते लीलाशुक की शब्द योजना अनुपम है-

"भावेन मुग्धं चपलेन विलोकनेन
मन्मानसे किमपि चापल मुद्वहन्तम्।
लोलेन लोचन रसायन मीक्षणेन
लीला किशोर मुपगूहितु मुत्सुकोस्मि।।"[12]

बाल भाव से मुग्ध लगनेवाला, किंतु लोचनों में चंचलता, उस चंचलता में भी प्रेमातिशय दृष्टि प्रसार करता हुआ, यह किशोर अपनी लीलामय चेष्टाओं से मेरे हृदय में चंचलता उत्पन्न कर रहा हैं। मैं उसे अपने आलिंगन में लेने के लिए लालायित हूँ। किशोरकृष्ण के मुख मंडल के सौंदर्य की एक छवि इस श्लोका में अवलोकनीय है-

"माधुर्य वारिधि मदान्ध तरंगभंगी।
श्रृंगार संकलित शीत किशोरम्।
आनन्दहास ललितानन चंद्र बिंबा
मानन्द संप्लवमनुप्लावतां मनो मे।"[13]

सौंदर्य सागर में श्रृंगार की उछ्वसित तरंगें जैसे कृष्ण के रूप में साकार हैं, मधुर मंद हास के कारण अत्यंत मनोहर लगने वाला मुख मंडल जैसे मानो चंद्रमा है, ऐसे आनंद प्रवाह में मेरा मन आलोडित-विलोडित हो रहा है।

इस श्लोक में कृष्ण की श्रृंगारमय मधुर छवि के प्रभाव का अंकन किया गया है। यहाँ लीलाशुक/बिलवमंगल ने कृष्ण की रूपमाधुरी का इस प्रकार मधुर वर्णन किया-

"मधुरं मधुरं वपुरस्य विभोः
मधुरं मधुरं वदनं मधुरम्।
मधु गन्धिं मृदुस्मित मेत दहो
मधुरं, मधुरं, मधुरं, मधुरम्।।"[14]

इस श्लोक को पढ़ने के बाद वल्लभाचार्य का 'अधरं मधुरं...' श्लोक स्मरण में आता है और लगता है वल्लभाचार्य ने लीलाशुक से प्रेरणा ली होगी।

लीलाशुक ने बालकृष्ण के स्वरूप सौंदर्य के साथ बालसुलभ चेष्टाओं का भी मोहक चित्रण किया।

"कस्त्वं बालः, बलानुजः, किमिहते, मन्मंदिराशंकया
युक्तं तत्त नवनीतपात्रं बिवरे हस्तं किमर्थंन्यसे।
मातः, कंचन वत्सकं मृगयितु मागतो विषाद क्षणा
दित्येवं वरवल्लवी प्रतिवचः कृष्णस्य पुष्णातु नः।।"[15]

एक गोपी ने मक्खन पात्र में हाथ रखते हुए कृष्ण को देखा तो वह पूछने लगी-हे वत्स ! तू कौन है?

"बलराम का छोटा भाई हूँ।" "मेरे घर में तेरा क्या काम है?" कृष्ण का उत्तर-"मेरा घर समझ कर आ गया हूँ।" गोपी कहती है-"वह तो ठीक है, तू ने मक्खन के पात्र में हाथ क्यों डाला?" कृष्ण ने कहा-"मैं एक बछड़े को ढूँढ रहा था, तुम दुखी नहीं होना।" इस मधुर वार्तालाप को सुनकर कृष्ण की वाक् चातुरी से गोपियों के साथ हम भी आनंदित हैं।

बालक कृष्ण स्वप्न की अवस्था में शिव, ब्रह्म और देवगण को स्मरण करते हुए बात करते हैं तो माँ यशोदा आशंकित हो जाती है, नजर उतारने लगती है। मातृ हृदय का सहज चित्रण है-

"शम्भोस्वागत मास्यतामित इतो नाथेन पद्मासने
क्रौंचारे कुशलं सुखं सुरपते वित्तेश नो दृश्यते।
इत्थं स्वप्न गतस्य कैटःभजित श्रुत्वा यशोदा गिरः
किं किं बालक, जल्पतीति रचितं थू थू कृतं पातु नः।।"[16]

एक बार बालक कृष्ण सपना देखते हुए कह रहे थे-

"हे शिव! आपका स्वागत है। हे ब्रह्म! उस तरफ बैठिए। हे कुमार! तुम कुशल हो? हे देवेंद्र ! तुम सुखी हो? कुबेर ! तुम आजकल दिखायी नहीं देते हो।" यह सुनकर यशोदा व्याकुल हो जाती है, कहती है-बेटा! क्या बड़बड़ा रहे हो, चुप हो जाओ, सो जाओ कहते हुए "थू" "थू" कह कर नजर उतारती है। यह साक्षात् विष्णु अवतार श्रीकृष्ण हमारी रक्षा करें! बालक के प्रति माँ का सहज वात्सल्य चित्रित है जो माँ यह नहीं जानती कि उसका पुत्र स्वयं महाविष्णु का अवतार है।

कृष्ण के बाल चरित्र यह अद्भुत प्रसंग अत्यंत प्रसिद्ध है-

माँ यशोदा बालक कृष्ण का मुँह दिखाने को कहती है, कहीं उसने माखन तो नहीं खा लिया। तब बाल कृष्ण के मुँह में ब्रह्मांड गोल का दर्शन करती हैं। उस प्रसंग को लीलाशुक ने मातृहृदय के सहज अबोध स्वभाव का चित्रण निम्नलिखित श्लोक में दर्शाया है-

"कैलासो नवनीतति क्षितिरयं प्राग्जग्धमृल्लोष्टति।
क्षीरोदो पि निपीत दुग्धति लसत् स्मेरे प्रफुल्ले मुखे।।
मात्रा जीर्णधिया दृढं चकितया नष्टास्मि दृष्टः कया
थू थू वत्सक जीव! जीव ! चिरमित्युक्तो वतान्नो हरिः।।"[17]

प्रफुल्लित हंस मुख बालक कृष्ण ने अपना मुख खोलकर यशोदा को बताया तो यशोदा को लगने लगा-रुपहले पहाड़ माखन के बड़े लौंदे के समान,

भूमि कृष्ण के द्वारा खाया हुआ मिट्टी का ढेला, क्षीर सागर कृष्ण ने जो दूध पिया हुआ दूध ही क्षीरसागर  है। उसने समझा कि बालक श्रीकृष्ण को किसी बुरी औरत की नजर लग गई। चिरंजीवी बनने का आशीष देती हुई, थू थू करती हुई कृष्ण का नजर उतारने लगी।

लीलाशुक ने बाल मनोविज्ञान और साथ ही माँ का मनोविज्ञान भी अपने श्लोकों में दर्शाते हैं। और एक श्लोक अवलोकनीय है-

यशोदा बालक श्रीकृष्ण को दूध पीने के लिए कृष्ण को कैसे प्रलोभन देती है-

"कालिंदी पुलिनोदरेषु मुसली यावद्गतः खेलितुं।
तावत् कार्परिकः पयः पिब हरे वर्द्धिष्यते ते शिखा।।
इत्थं बालतया प्रतारणपराः श्रुत्वा यशोदा गिरः
पायान्न स्स्वशिरवां स्पृश्यन् प्रमुदितः क्षीरोर्द्धपीते हरिः।।"[18]

यशोदा ने बालक श्रीकृष्ण से कहा-

तुम्हारा भाई बलराम कालिंदी किनारे खेलने गया। उसके लौटने से पहले इस कटोरे में कजरी गाय का दूध पी लो। इससे तुम्हारी वेणी बढ़ेगी। यशोदा किसी बहाने बालक कृष्ण को दूध पिलाना चाहती है। बालक कृष्ण दूध आधा पीते ही अपनी शिखा को देखकर टटोल रहे थे कि यह बढ़ा है या नहीं और आनंदित हो रहे थे। ऐसे भोले बालक हमारी रक्षा करें !

लीलाशुक स्थान-स्थान पर बालक कृष्ण का चित्रण करते हुए इस श्लोक में यह आभास करते हैं कि कृष्ण विष्णु का अवतार है।  भोली माता सहज वात्सल्य के कारण समझ नहीं पाती। साथ ही निद्रा में बालक कृष्ण की बाल सहज चेष्टा का भी वर्णन करते हैं  -

"रामो नाम बभूव, हुं, तदबला सीतेति, हुं, तां पितु
र्वाचा पंचवटी तटे विहरतस्तस्या हर द्रावणः।।
निद्रार्थं जननी कथयपि हरे हुंकारतः श्रृण्वतः।।
सौमित्रे! क्व धनुर्धनुः र्धनुरिति व्यग्राः गिरः पातु नः।।"[19]

यशोदा बालकृष्ण को सुलाने के लिए रामायण की कथा सुनाते हुए कह रही थी-राम एक था। उसकी पत्नी सीता थी। वह अपनी पत्नी के साथ पिता की आज्ञा के कारण पंचवटी परिसर में विहार कर रहा था। हुंकार भरते हुए बालक कृष्ण सुन रहा था। तब रावण के सीता का अपहरण का प्रसंग आया तो आवेश के साथ तंद्रा की अवस्था में ही बालक कृष्ण बड़बड़ाने लगा- हे लक्ष्मण? मेरा धनुष कहाँ है? मेरा धनुष कहाँ है? ऐसे लीला पुरुष बालक कृष्ण हमारी रक्षा करें।

माता यशोदा पूरे वात्सल्य के साथ शिशु कृष्ण को स्तन-पान करा रही है। इसमें माता-शिशु के मनोज्ञ दृश्य को लीलाशुक पूरी तन्मयता से प्रस्तुत करते हैं।

''किंचत् कुंचित लोचनस्य पिबत पर्याय पीत स्तनं
सद्यः प्रस्नुतदुग्ध बिंदुमपरं हस्तेन सम्मार्जितः।
मात्रैकांगुलि लालितस्य चुबके स्मेरानस्याधरे।
शौरेः क्षीर कणान्यिता निपतिता दन्तद्युतिः पातु नः।।''

अर्द्धनिमीलित नेत्रों से स्तनपान करते हुए शिशु कृष्ण, उस स्तन को छोड़ कर जिससे दूध की बूंदें टपक रही थी, दूसरे स्तन का दूध पीते हुए, पहले स्तन को सहलाते हुए, माँ के चुबुक का उंगली से स्पर्श करते ही मुस्कुराने पर दूध की बूँदों से शोभायमान अधर और दंत कान्ति से शोभित शिशु कृष्ण हमारी रक्षा करें।

इस श्लोक में माँ यशोदा और शिशु कृष्ण का सुंदर चित्रात्मक वर्णन है और एक गतिशील बिंब का पूरा आयोजन परिलक्षित होता है। यहाँ शौरेः शब्द का प्रयोग विशिष्ट हैं। लीलाशुक को यह ज्ञात है कि यह शिशु कृष्ण विष्णु का साक्षात् विष्णु का अवतार है। किंतु अवतार स्वरूप शिशु कृष्ण की बाल सुलभ चेष्टाओं को देखकर, कल्पना कर स्वयं मुग्ध हो जाते हैं।

लीलाशुक किशोर कृष्ण के मुख बिंब का वर्णन करते हुए उस रूप-सौंदर्य पर रीझ जाते हैं-

''माधुर्य वारिधि मदान्ध तरंगभंगी

श्रृंगार संकलित शीत किशोरम्।
आमन्दहास ललितानन चंद्र बिंबं
मानंद संप्लवमनुप्लवतां मनो मे।।"[20]

सौंदर्य सागर में श्रृंगार की तीव्र तरंगें जैसे कृष्ण के रूप में साकार हैं, मधुर मंदहास के कारण अत्यंत मनोहर लगने वाले मुखमंडल जैसे मानों चंद्रमा है। मेरी इच्छा है कि ऐसे आनंद प्रवाह में मुझे अवगाहन करने का वरदान मिलें।

इस श्लोक में शब्द योजना के माधुर्य के साथ किशोर कृष्ण की छवि के साथ उत्प्रेक्षा अलंकार की छटा है।

किशोर कृष्ण के नयनों में अनुराग की कांति है, विभ्रम है साथ ही करुणामय दृष्टि भी है। लीलाशुक भक्ति भावना से उसकी कृपा दृष्टि की कामना करता है-

"नीलायताभ्यां रस शीतलभ्यां
नीलारुणाभ्यां नयनाम्बुजाभ्याम्।
आलोकये दद्भुत विभ्रमाभ्यां
बालः कदा कारुणिक किशोरः।।"[21]

लीला विलास एवं अनुराग से आप्लावित, नीलिमा एवं किंचित् अरुणिमा से नयनाभिराम कमलों के समान नयनों से, जिनमें आश्चर्य के साथ चंचलता भी है, वह श्रीकृष्ण किशोर रूप में लीला कर रहा है। पता नहीं-उसकी कृपा दृष्टि, मुझ पर कब होगी?

लीलाशुक ने कृष्ण के नयनों की मोहक सुंदरता के साथ जो कृपा दृष्टि है, उससे समन्वित नयनों का नयनाभिराम चित्र प्रस्तुत किया है।

लीलाशुक कहते हैं-मुरली वादन के साथ नयनों की शीतल दृष्टि का प्रसार भी है। श्रीकृष्ण की उस छवि को देखकर भक्त जन मुग्ध होते हैं -

"मधुर मधर बिंबाफल मंजुलं मन्दहासे
शिशिरममृत वादे शीतलं दृष्टि पाते।
विपुल मरुण नेत्रे विश्रुतं वेणुनादे

मरकतमणि नीलं बाल मालोकये नः।।"[22]

अधर बिंबाफल के समान अरुण एवं मधुर है। उन पर मनोहर मंदहास है। अपनी वाणी से जो अमृत की शीतलता देता है और उसकी दृष्टि से हृदय भी शीतल होता है। जिसके विशाल नेत्रों में अनुराग की अरुणिमा है एवं मरकत मणि छवि समान उसकी देह कांति है। वेणुवादन में प्रसिद्ध उस बाल कृष्ण को हम मुग्ध भाव से देख रहे हैं।

लीलाशुक / बिल्व मंगल ने वेणुनाद करते श्री कृष्ण की गान माधुरी में तन्मय गोपियों का अभिराम चित्र प्रस्तुत किया -

"आमुग्धमर्द्धनयनाम्बुज चुम्बयमान
हर्षाकुल ब्रज वधू मधुराननेःद्वौ :।
आरब्ध वेणुरवमादि किशोर मूर्ते
राविर्भवन्ति मम चेतासि कोपि भावाः।।"[23]

मुरली गान सुन कर अत्यंत आनंदित गोपियों के अधखिले कमलों के समान अर्द्धनिमीलित नेत्रों से चुंबित चंद्रमा समान मुख बिंब जिसका है, उस किशोर रूप श्रीकृष्ण की अनेक भावों से युक्त वेणु गान मेरे हृदय में किन्ही भावों को प्रकाशित कर रहा है।

**राधा का प्रसंग :**

राधा और कृष्ण के परस्पर प्रेमजन्य परवशता का चित्रण है-

"राधा पुनातु जगदच्युतदत्त चित्ता
मंथानमाकलती दधि रिक्त पात्रे।
तस्याः स्तन स्तबक चंचल लोल दृष्टि
छोवोपि दोहनधिया वृषभं निरुन्धन्।।"[24]

कृष्ण की स्मृतियों में लीन (परवश) राधा दधि रहित घड़े में मथनी से मथ रही है और उधर कृष्ण जिनकी चंचल लालायित दृष्टि राधा के स्तनों पर पड़े हुए पुष्प स्तबक से हट नहीं रही थी। इसी कारण कृष्ण दूध दुहने के लिए बैल को बांध रहे थे। ऐसी प्रेम की परवशता में आकण्ठ मग्न राधा और कृष्ण जगत् की रक्षा करें।

लीलाशुक/बिल्वमंगल बालक श्रीकृष्ण के सौंदर्य का वर्णन करते हुए कहते हैं कि अद्भुत लावण्य से कृष्ण के इस रूप रत्नाकर (सागर) की आराधना राधा भी करती है-

"राधाराधित विभ्रमाद्भुत रसं लावण्य रत्नाकरं
साधारण्य पद व्यतीत सहज स्मेराननांम्भोरुहम्।।
आलम्बे हरिनील गर्वगुरुता सर्वस्व निर्वापणं
बालं वैणविकं विमुग्ध मधुरं मूर्धाभविक्तं महः।।"[25]

बालकृष्ण का तेज जिसका राधा भी आराधना करती है, अद्भुत श्रृंगार रस पूर्ण है। सौंदर्य का रस सागर है। असाधारण एवं सहज सिद्ध मुस्कान के साथ जो मुख कमल है वह इंद्रनील मणियों की गरिमा का गर्व दूर करने वाला है। मधुर मुरलीवादन से मन मुग्ध करनेवाला एवं मनोज्ञ वस्तुओं से अभिषिक्त है। वीणा वादन करनेवाला (वैणिक) तेजस्वी बालक कृष्ण का आश्रय चाहता हूँ।

आगे का श्लोक राधा और कृष्ण की प्रेमातिशयता और कृष्ण के मुख कमल के सौंदर्य की अभिव्यक्ति के कारण अत्यंत विशिष्ट है-

"लीलाटोपकटाक्ष निर्भर परिष्वंग प्रसंगाधिक
प्रीति गीति विभंग संगर लसद्वेणु प्रणदामृते।
राधा लोचन लालितस्य ललित स्मेरे मुरारे र्मुदा
माधुर्यैक रसे मुखेन्द्र कमले मग्नं मदीयं मनः।।"[26]

गायन के विविध प्रकारों के संयोग से मधुर अमृत के समान आस्वादनीय वेणुवादन, कमनीय मुस्कान से शोभित कमल समान और शीतल चंद्रमा के समान जो श्रीकृष्ण का मुख मंडल है, जिसे प्रगाढ़ आलिंगन में आबद्ध होकर आश्चर्य एवं प्रेमातिशय के साथ राधा देखती रह गई थी, राधा की दृष्टि के ललित मुस्कान से मंडित श्रीकृष्ण के मुख कमल की शोभा पर मेरा मन रीझ गया।

इन श्लोकों की भाव सौंदर्य के साथ शब्द सौंदर्य की छटा दर्शनीय है।

और एक श्लोक में राधा-कृष्ण केलि-क्रीडा का वर्णन है-

"राधा केलि कटाक्ष वीक्षित महा वक्षस्थली मण्डना
जीयात्सुः पुलकांकुराः त्रिभुवनस्वादीयसः तेजसः।
क्रीडांत प्रतिसुप्त दुग्धतनया मुग्धावबोधा क्षणः
त्रासारूढ द्दढोपगूहन महा साम्राज्य सान्द्र श्रियः।।"[27]

श्रीकृष्ण के वक्षस्थल को अलंकृत करती राधा के कटाक्ष-वीक्षण, श्रृंगार क्रीडा के पश्चात् सुप्त लक्ष्मी के अवबोधन के बाद मुग्ध द्दष्टि से समन्वित श्रीकृष्ण के आनंद साम्राज्य को द्विगुणीकृत करने वाली पुलकावली शाश्वत रहे।

**श्रीकृष्ण कर्णामृतम् में रास क्रीडाष्टक**

लीलाशुक के 'श्रीकृष्णकर्णामृतम्' में 'रासक्रीडाष्टक' का विशेष महत्व है। इस पुस्तक में बालकृष्ण के प्रति लीलाशुक की अनन्य भक्ति के अधिक श्लोक मिलते हैं। लीलाशुक बालकृष्ण के सर्वशक्ति संपन्न अवतार पुरुष की बाल छवि पर न्यौछावर होते हैं। बालकृष्ण के सौंदर्य का, बाल लीलाओं का, माखन चोरी, मुरलीवादन, अद्भुत लीलाएँ, माता यशोदा और बालकृष्ण के आदि अनेक प्रसंगों का मनोहारी चित्रण किया। गोपियों के साथ युवा कृष्ण का श्रृंगार मंडित चित्रण किया। गोपियों के साथ रास-लीला का भी मनोमुगधकारी चित्रण, श्रीमद् भागवत के बाद पहली बार लीलाशुक ने किया। ध्यातव्य है कि भारतीय साहित्य में कृष्ण भक्त कवि जयदेव, विद्यापति, चण्डीदास, चैतन्य महाप्रभु से भी लीलाशुक का रास लीला चित्रण मधुर, संश्लिष्ट एवं अधिक लोकप्रिय लक्षित होता है। लीलापुरुष श्रीकृष्ण के चरित का भक्तजन रंजक रूप का श्रीमद् भागवत् के बाद सांगोपांग वर्णन करने और भक्तिभाव की मधुर अभिव्यक्ति के लिए लीलाशुक दक्षिण में 12 वीं 13 वीं शताब्दी में ही प्रसिद्ध थे। भक्ति भाव से कृष्णलीला वर्णन माधुरी के कारण ही बिल्वमंगल को अपने जीवन काल में ही 'लीलाशुक' के नाम से प्रसिद्धि मिली। रास क्रीडा श्रीकृष्ण कर्णामृत का अत्यंत प्रसिद्ध प्रसंग हैं। हिंदी सिहत्य में रासलीला जिसे कहते हैं वह दक्षिण में 'रासक्रीडा' के नाम से वर्णित है। दक्षिण भारत के सभी प्रदेशों के अनेक कृष्ण भक्तों के लिए यह कंठस्थ

और अत्यंत प्रिय प्रसंग है। वल्लभ संप्रदाय के भक्तों के लिए यह कंठाभरण बना हुआ है।

रासक्रीडाष्टक के श्लोकों को पढ़ते हुए गोपियों के साथ श्रीकृष्ण की रासलीला के दृश्य नयनाभिराम प्रस्तुत होने लगते हैं-

"अंगनामंगनामन्तरे माधव
माधवं माधवं चान्तरेणांगना।
इत्थमा कल्पितो मण्डले मध्यग:
संगगौ वेणुना देवकीनन्दनः।।"[28]

एक एक नारी के बीच माधव, माधव और माधव के मध्य अंगना (गोपी)का मण्डलाकार आयोजित उस वृंद के मध्य में भी स्वयं कृष्ण ही अपनी वेणु का मधुर वादन करते हुए विराजमान हैं।

"केकि केकाद्दतानेक पंकेरुहा, लीलहंसावली ह्यता ह्यता।
कंस वंशाटवीदाह दावानलः संगगौ वेणुना देवकीनंदनः।।"[29]

कृष्ण के शरीर की श्याम छाया देख कर, मयूर मेघ समझ कर केकीरव करने लगे, ऋतु समझकर हंसों की पंक्तियाँ कमलों में हृदयाकर्षक गति से इधर उधर चलायमान हो रहे थे, तो कृष्ण अपने वेणु गान से उनको आनंदित करते हुए, कंस के वंश रूपी अटवी (वन) के लिए दावानल के समान श्रीकृष्ण बड़ी मधुरता से वेणवादन कर रहे थे। विपरीत गुणों के सामंजस्य के साथ लोकरक्षक एवं लोकरंजक रूप का चित्रण है।

"क्वापि पि वीणाभिराराविणा कम्पितः
क्वापि वीणाभिरामा किंकिणी नर्तितः।
क्वापि वीणाभिरामान्तारंगापितः
संगगौ वेणुना देवकीनन्दनः।।"[30]

मंडलाकार गोपियों के बीच एक गोपी के वीणावादन के अनुरूप श्रीकृष्ण नर्तन कर रहा है, कहीं वीणवादन के अनुरूप किंकिणी ध्वनि से मोहित करते हुए, वीणा वादन के मध्य स्वयं गायन करते हए देवकीनंदन श्रीकृष्ण मधुर वेणुगान से मोहित कर रहा था।

"चारु चंद्रावली लोचनैःचुम्बितो
गोप गोवृन्द गोपालिका वल्लभः।
वल्लवीवृन्दवृन्दारकः कामुकः
संगगौ वेणुनः देवकीनन्दनः।।"[31]

चंद्रमुखि गोपियों के मोहित नयनों की दृष्टियों से चुम्बित, गोप गोपीजन के वल्लभ और ग्वाल बालाओं के लिए आराध्य, स्वयं उनके प्रति आकर्षित होकर, (कृष्ण) देवकीनंदन मधुर गायन के साथ वेणुवादन कर रहा है।

"मौलिमाला मिशन्मत्त भृंगीलता
भीत भीत प्रिया विभ्रमालिंगिताः।
स्रस्त गोपी कुचा भोग सम्मेलितः
संगगौ वेणुना देवकीनन्दनः।।"[32]

केशराशि जूडे में आबद्ध है। उन जूडों में सजी पुष्पमालाओं से आकर्षित भृंगियों (मादा भौरों) के (कोलाहल) गुंजन से अत्यंत भयभीत गोपियाँ श्री कृष्ण को विभ्रम से आलिंगन करती हैं। उस आलिंगन में हड़बड़ाहट के कारण वक्षस्थल के वस्त्र हट जाने के कारण गाढ आलिंगन में पूर्ण रूप से मगन देवकीनंदन श्रीकृष्ण ने वेणु से मधुर गायन किया।

"चारु चामीकराभास भामा विभुः
वैजयन्ती लता वासितोरस्थलः।
नन्द वृन्दावने वासिता मध्यगः
संगगौ वेणुना देवकीनन्दनः।।"[33]

स्वच्छ कनक के समान जिसके शरीर की कांति है, उस सत्यभामा के विभु- श्रीकृष्ण, जिसका वक्षस्थल वैजयन्तीमाला के सुगंध से सुवासित है, वह श्रीकृष्ण नंद के वृंदावन की गोपियों के बीच मुरली मधुर स्वर से बजा रहा है।

"बालिका तालिका ताल लीलालया
संग सन्दर्शित भ्रूलता विभ्रमः।
गोपिका गीत दत्तावधान स्स्वयं
संगगौ वेणुना देवकीनन्दनः।।"[34]

ताल देने में निष्णात गोप बालिकाओं के ताल के अनुसार अपनी भ्रू भंगिमा से नर्तन करते हुए, गोपियों के गीतों को दत्तचित्त होकर पूरे अवधान के साथ सुनते हुए श्रीकृष्ण गायन करते हुए वेणुवादन कर रहा है।

"पारिजातं समुद्धृत्य राधावरो
रोपयामास भामागृहस्यांगणे।
शीतशीते वटे यामुनीये तटे
संगगौ वेणुना देवकीनन्दनः।।"[35]

राधावल्लभ श्रीकृष्ण इंद्र के नंदन वन से पारिजात वृक्ष को उखाड कर सत्यभामा के गृह के प्रांगण में रोपण करते हैं। ऐसे शक्ति संपन्न कृष्ण यमुना नदी के किनारे शीतल वट वृक्ष के नीचे भोली-भाली गोपयूं राधा का प्रिय बन कर वेणु से मधुर गायन कर रहा है।

इस प्रकार लीलाशुक/बिल्वमंगल ने श्रीकृष्ण की गोपियों और राधा के साथ रासलीला का आठ श्लोकों में वर्णन किया। इसलिए लीलाशुक्र ने स्वयं इस प्रसंग को "रासाष्टक" नाम से अभिहित किया। इस चित्रण में श्रृंगार रस की अभिव्यक्ति के साथ कृष्ण के अवतार पुरुष के रूप का भी समन्वय परिलक्षित होता है। इस वर्णन में भाषा माधुर्य अवलोकनीय है।

"श्रीकृष्ण कर्णामृत" में कृष्ण की बाल लीला, माखन लीला, यशोदा की वात्सल्य भावना ही नहीं बल्कि कृष्ण में बाल सुलभ चपलता, युवा कृष्ण की श्रृंगार लीला, गोपियों और राधा के साथ प्रणय प्रसंग आदि का अत्यंत कोमलकांत पदावली में रम्यता के साथ चित्रण किया गया। लीलाशुक कृष्ण के प्रति अपनी संपूर्ण भक्ति भावना के साथ, विष्णु के अवतार के रूप में ही मानते थे। अब तक प्राप्त भारतीय भक्ति साहित्य में श्रीमद् भागवत के बाद कृष्ण के समग्र चरित्र का गायन "श्रीकृष्ण कर्णामृत" में ही हुआ है। अत :

इस ग्रन्थ का महत्व निर्विवाद है। इसलिए इस ग्रंथ का परवर्ती कृष्ण भक्ति साहित्य पर गहरा प्रभाव देखा जा सकता है।

    सूचना-सभी उद्धरण निम्न लिखित पुस्तक से-लीलाशुक / बिल्वमंगल - श्रीकृष्ण कर्णामृत (तेलुगु लिपि में )- सं डॉ. पी .श्रीरामचंद्रुडु - सुरभारती सांस्कृतिक ग्रंथमाला ,हैदराबाद।

***

### संदर्भ सूची :

1. श्रीकृष्णकर्णामृत - द्वितीयाश्वास- श्लोक सं -109
2. Krishna Karnamrutham "by Leela suka  –Dr .Saroja Ramanujam –Introduction
3. श्रीकृष्ण कर्णामृतम -आश्वास- 2 श्लोक -22
4. श्रीकृष्ण कर्णामृतम द्वितीयाश्वास श्लोक सं – 55
5. श्रीकृष्ण कर्णामृतम तृतीयाश्वास - श्लोक सं – 95
6. श्रीकृष्ण कर्णामृतम द्वितीयाश्वास श्लोक सं - 1
7. श्रीकृष्ण कर्णामृतम द्वितीयाश्वास -श्लोक सं – 12
8. श्रीकृष्ण कर्णामृतम द्वितीयाश्वास - श्लोक सं -44
9. श्रीकृष्ण कर्णामृतम द्वितीयाश्वास श्लोक सं -74
10. श्रीकृष्ण कर्णामृतम द्वितीयाश्वास श्लोक सं – 58
11. श्रीकृष्ण कर्णामृतम प्रथमाश्वास श्लोक सं -69
12. श्रीकृष्ण कर्णामृतम प्रथमाश्वास श्लोक सं - 35
13. श्रीकृष्ण कर्णामृतम प्रथमाश्वास श्लोक सं -14
14. श्रीकृष्ण कर्णामृतम प्रथमाश्वास श्लोक सं -91

15. श्रीकृष्ण कर्णामृतम – द्वितीयाश्वास श्लोक सं-82
16. श्रीकृष्ण कर्णामृतम - द्वितीयाश्वास श्लोक सं -59
17. श्रीकृष्ण कर्णामृतम - द्वितीयाश्वास - श्लोक सं – 62
18. श्रीकृष्ण कर्णामृतम - द्वितीयाश्वास श्लोक सं -61
19. श्रीकृष्ण कर्णामृतम -द्वितीयाश्वास - श्लोक सं -72
20. श्रीकृष्ण कर्णामृतम - प्रथमाश्वास श्लोक सं -14
21. श्रीकृष्ण कर्णामृतम - प्रथमाश्वास श्लोक सं -49
22. श्रीकृष्ण कर्णामृतम -प्रथमाश्वास - श्लोक - सं -64
23. श्रीकृष्ण कर्णामृतम – प्रथमाश्वास श्लोक सं -19
24. श्रीकृष्ण कर्णामृतम -प्रथमाश्वास - श्लोक - सं -25
25. श्रीकृष्ण कर्णामृतम - तृतीयाश्वास - श्लोक सं -2
26. श्रीकृष्ण कर्णामृतम - तृतीयाश्वास श्लोक सं -23
27. श्रीकृष्ण कर्णामृतम - तृतीयाश्वास श्लोक सं -58
28. श्रीकृष्ण कर्णामृतम - द्वितीयाश्वास - श्लोक सं -35
29. श्रीकृष्ण कर्णामृतम - द्वितीयाश्वास श्लोक सं -36
30. श्रीकृष्ण कर्णामृतम द्वितीयाश्वास श्लोक सं-37
31. श्रीकृष्ण कर्णामृतम द्वितीयाश्वास श्लोक - सं-38
32. श्रीकृष्ण कर्णामृतम द्वितीयाश्वास - श्लोक - सं-39
33. श्रीकृष्ण कर्णामृतम द्वितीयाश्वास -श्लोक - सं -40
34. श्रीकृष्ण कर्णामृतम द्वितीयाश्वास -श्लोक - सं -41
35. श्रीकृष्ण कर्णामृतम द्वितीयाश्वास श्लोक सं – 42
36.

*************************************

# तेलुगु का पुराण साहित्य

## प्रथम तेलुगु देशि पुराण

महाभारत का स्वेच्छा से अनुसरण कर उसके आदि-पर्व एवं सभा-पर्व का प्रणयन 11 वीं शताब्दी में नन्नय ने किया। उस समय राजराजनरेंद्र जो राजमहेंद्रवरम् (जो आज कल राजमंड्री के नाम से जाना जाता है) को राजधानी बनाकर शासन कर रहा था। राजा की प्रेरणा से नन्नया ने 'महाभारत' को तेलुगु भाषा में अनुसृजन किया। राजराजनरेंद्र पूर्वचालुक्य वंश के राजा थे। पूर्वचालुक्य वंश के राजाओं ने अपनी वैदिक धर्म के प्रति गहरी आस्था के कारण उसका प्रचार-प्रसार किया। इसलिए इस प्रांत में जैन एवं बौद्ध धर्म का प्रभाव कम ही था। किंतु तेलंगाणा प्रांत में 11 वीं शताब्दी में काकतीय साम्राज्य की स्थापना बेतराजु (प्रथम) ने की थी। माना जाता है कि बेतराजु (प्रथम) जैन धर्मावलंबी था। उनके बाद का शासक प्रोलराजु (प्रथम) भी जैन धर्मावलंबी था। काकतीय शासकों में बेतराजु (द्वितीय) ने पहली बार शैव धर्म को स्वीकार किया। उस समय उस प्रांत में शैव धर्म एवं वीरशैव भक्ति का बोलबाला था। बेतराजु ने ग्यारहवीं शताब्दी के अंतिम चरण में शासन की बागडोर संभाली। तब से ओरुगल्लु (आज का वरंगल) में शैव धर्म की प्रबलता बढ़ी। यह काल शैव एवं जैन धर्मों के आपसी संघर्ष का था। बाद में गणपति देव चक्रवर्ती ने विधिवत् वीर-शैव धर्म की दीक्षा ली थी। उनके शासनकाल में शैव-जैन धर्मों के बीच प्रायः संघर्ष होता था। एक शताब्दी तक आपस में संघर्ष चलता रहा। जैन-धर्म का सामना कर, तेरहवीं शताब्दी तक वीर शैव धर्म तेलंगाणा प्रांत में अपने जड़ें जमा चुका था। इतना ही नहीं 'बसव पुराण' जैसे पुराण की रचना के लिए

### प्रो. माणिक्यांबा 'मणि'

काकतीय राजा प्रताप रुद्र के शासनकाल में पालुकुरिकि सोमनाथ ने मार्ग प्रशस्त किया। 'बसवपुराण' को तेलुगु का पहला 'देशि पुराण' माना जाता है। सुगम शैली में लिखी गयी कविता को 'देशि कविता' कहते हैं। सहृदय सुधी पाठक के हृदय रंजन के लिए प्रतिपाद्य वस्तु की अभिव्यक्ति कला और सौंदर्य को महत्व दे कर उसको जहाँ मार्ग के रूप में कवि चुनता था उसे 'मार्ग कविता' कहा गया है। "मार्ग कविता" में प्रायः अलंकार, रीति एवं वक्रोक्ति की प्रधानता पायी जाती है। 'देशि कविता' पद्धति में पालुकुरिकि सोमनाथ (1210-1320) 'बसव पुराण' की रचना की थी।

शैव कवियों में प्रमुख पालकुरिकि सोमनाथ ने 'बसव पुराण' को 'देशि कविता' के रूप में प्रणयन किया। भक्ति, आंदोलन, विद्रोह और क्रांति के लिए कविता में आवेग-प्रधान गुण माना जाता है। सोमनाथ ने कविता के माध्यम से आंदोलन ही नहीं चलाया अपितु भक्ति के प्रचार-प्रसार के लिए भी मार्ग प्रशस्त किया। इतना ही नहीं वीर शैव-धर्म के प्रचार के लिए साहित्य की विविध प्रक्रियाओं में साहित्य सृजन किया। शैव धर्म के प्रचार के लिए उन्होंने समाज के जन समुदाय को दो वर्गों में विभाजित किया। साधारण जन-समुदाय एवं पंडित जन-समुदाय। साधारण जनता में वीरशैव धर्म के प्रचार के लिए 'बसव पुराण' की रचना की। पंडितों में वीर शैव धर्म के ज्ञान के प्रसार के लिए भाष्य एवं स्तोत्रों की रचना की। 'बसव पुराण' एवं 'पण्डिताराध्य चरित्र' का 'द्विपद' छंद में रचना की जो गाकर सुनाये जा सकते हैं। 'बसव भक्ति' की तीव्रता 'बसव पुराण' में परिलक्षित होती है। जन समुदाय के हृदयों में आवेग की भावना भक्ति की रस धारा से आप्लावित कर देती है। वीर शैव कवियों में रस स्रष्टा एवं रस द्रष्टा के रूप में सोमनाथ की अपार ख्याति है। 'बसव पुराण' भक्ति रस के आवेग के लिए प्रसिद्ध है और 'बसव पुराण' को प्रथम भक्ति पुराण होने का गौरव प्राप्त है। ध्यान देने की बात है कि 'बसव पुराण' प्राचीन परंपरा के पुराणों की शैली में नहीं लिखी गयी है। यह किसी पुराण का अनुवाद भी नहीं है। पालकुरिकि सोमनाथ ओरुगल्लु निवासी होने के कारण जैन-पुराणों की

परंपरा से भली-भाँति अवगत था। कन्नड़ भाषा में जैन कवियों ने तीर्थंकरों के जीवन वृत्त को पुराणों के रूप में रचना की। कन्नड के 'आदि कवि' के रूप में प्रसिद्ध पम्प कवि ने 'आदि पुराण' की रचना प्रथम जैन तीर्थंकर पुरुदेव के चरित्र को 'चम्पू' शैली में लिखा। अजित पुराण, मल्लिनाथ पुराण (नागचंद्र) धर्मनाथ पुराण (नयसेन) अनंतनाथ पुराण (जन्न कवि) आदि कन्नड़ जैन पुराणों की रचना की परंपरा थी। नयनमारों को भी जो शिव भक्त थे उनके चरित्रों को वस्तु बनाकर लिखा गया 'पेरिय पुराण' द्रविड वाङ्मय में प्रसिद्ध है। इस प्रकार के पुराणों से प्रभावित सोमनाथ को भक्ति रसपूर्ण 'बसव पुराण' के द्वारा तेलुगु साहित्य में 'बसवेश्वर' के चरित्र को आधार बनाकर प्रथम 'देशिपुराण' की रचना का श्रेय प्राप्त है। विद्वानों के अनुसार प्रथम आंध्र 'देशिपुराण', 'बसवपुराण', वीर शैव पुराण है। 'बसवेश्वर' वीरशैव धर्म के प्रवर्तक हैं। 1162-1168 के बीच कल्याण कटकम् के शासक बिज्जल के दरबार में बसवेश्वर मंत्री एवं भंडारी के रूप में शास न करने के साथ-साथ भक्त के रूप में अपनी महिमा के साथ प्रसिद्ध हुए थे। दक्षिणापथ में शैव धर्म के प्रचार में प्रवचन के साथ भक्ति रसामृत भी पीढ़ियों के लिए, कन्नड़ में अपने 'वचन साहित्य' के रूप में प्रस्तुत किया। शैव धर्म के प्रचार-प्रसार के लिए परवर्ती शैव धर्मानुयायियों ने उनके 'वचन साहित्य' का ही आश्रय लिया। भक्ति भावना से भक्तों ने बसवेश्वर के वचन का ही प्रचार किया। इस तरह बसवेश्वर के भक्ति साहित्य को जन-समुदाय में विशेष आदर मिला। परम भक्त वीरशैव बसवेश्वर के महिमा समन्वित भक्त जीवन को काव्य वस्तु बनाकर जैन पुराण शैली में सोमनाथ ने" बसव पुराण" का द्विपद छंद में प्रणयन किया। यह ग्रंथ तेलुगु भक्ति साहित्य का गौरव ग्रंथ है। इस ग्रंथ का प्रणयन वीरशैव धर्म के प्रचार के लिए बसव की भक्ति को आंदोलन का रूप देकर सोमनाथ ने जैन और बौद्ध धर्म से संघर्ष किया।

बसव पुराण में बसवेश्वर के भक्त चरित्र के साथ अनेक शिव भक्तों की कथाओं का भी समावेश किया गया था। शिव भक्तों में बसवेश्वर के समकालीन भक्तों के साथ द्रविड़ शैवभक्त नयनमारों के जीवन चरित्रों का भी

### प्रो. माणिक्यांबा 'मणि'

चित्रण मिलता है। इतना तो निर्विवाद है कि सोमनाथ ने किसी ग्रंथ का अनुसरण नहीं किया। भक्तों के चरित्र-निर्माण में कल्पना के पुट के साथ मौलिक प्रतिभा लक्षित होती है। शिव भक्ति का वीरशैव संप्रदाय भक्ति तीव्रता प्रधान संप्रदाय है। साहसपूर्ण अद्भुत कार्यों से यह आवेगपूर्ण भक्ति पद्धति के रूप में दिखाई देता है। वीरशैव संप्रदाय में अपने संप्रदाय के प्रति निष्ठा की पराकाष्ठा के साथ परधर्म के प्रति द्वेष भावना भी परिलक्षित होती है। वीरशैव संप्रदाय में जाति-भेद नहीं है। वीरशैव संप्रदाय में दीक्षित जंगम-भक्त, कुल एवं व्यवसाय आदि से निरपेक्ष शिव पूजा के लिए योग्य माना जाता है और पंक्ति भोजन के लिए स्वागत योग्य बन जाता है। वीरशैव संप्रदाय में जाति एवं लिंग विवक्षा के लिए स्थान नहीं है। 'बसव पुराण' में वीरशैव संप्रदाय की इन सभी विशेषताओं का यथास्थान चर्चा की गयी है। बसवेश्वर को उदार एवं उत्तम सत्व-गुण-संपन्न पुरुष के रूप में चित्रित किया गया है। परम शिव एवं बसवेश्वर में अभेद की स्थापना करते हुए शिवभक्ति एवं बसव भक्ति को एकाकार करना इस रचना का लक्ष्य प्रतीत होता है। शक्ति, भक्ति एवं विश्वास का अद्भुत समन्वय बसव पुराण की विशेषता है। "वीरशैव संप्रदाय में दो प्रकार के भक्त माने गये हैं- वीर शिव-भक्त और मुग्ध-भक्त। बसव के चरित्र में दोनों भक्तियों का समावेश है। वीरशैव भक्त अपनी साधना के बल पर भक्तों की बुद्धि को आकर्षित करते हैं। स्निग्ध भक्त अपनी भक्ति भावना की तीव्रता से हृदय को स्पंदित करते हैं। इस प्रकार दोनों प्रकार के भक्तों के चरित्रों का संयोजन बसव पुराण में मिलता है।"[1]

पम्प कवि (941 ई.) ने जैन प्रथम तीर्थंकर पुरुदेव के चरित्र के आधार पर 'आदि पुराण' की रचना की जो जिनसेन की संस्कृत रचना की अनुकृति है। उसके बाद जैन पुराणों की परंपरा-सी चल पड़ी है। शक्ति पुराण, अजित पुराण, मल्लिनाथ पुराण, धर्मनाथ पुराण, अनंतनाथ पुराण, तीर्थंकर आदि जैन धर्माचार्यों की जीवनियों पर आधारित पुराणों की रचना हुई। 63 शिवभक्त नयनमारों के चरित्रों पर आधारित 'पेरिय पुराण' प्रसिद्ध हुआ। प्राचीन संस्कृत

पुराणों में लक्षणों पर आधारित न होकर देशीय पद्धति में कन्नड़ में लिखे गये इन जैन पुराण अत्यन्त लोकप्रिय हुए। जैन पुराणों के अनुकरण के साथ सोमनाथ की मौलिक रचना-कौशल का भी इस ग्रंथ से परिचय मिलता है। सोमनाथ का यह ग्रंथ 'बसव पुराण' वीरशैव धर्म की व्याप्ति में सहायक होने के साथ-साथ अत्यन्त लोकप्रिय हुआ। इस वीर शैव संप्रदाय के प्राचुर्य के कारण पोतना को तेलुगु में विष्णु के अवतारों की कथा "भागवत महापुराण" और मारन्ना को 'मार्कण्डेय पुराण' की रचना की प्रेरणा मिली। सोमनाथ की देशीय रचना पद्धति में भी परवर्ती काल में अनेक काव्य रचनाओं के लिए मार्ग प्रशस्त हुआ।

**श्रीमद् भागवत**

15 वीं शताब्दी में बम्मेर पोतना ने 'श्रीमद्भावगत' की रचना तेलुगु भाषा में की। इसका आधार व्यास कृत 'श्रीमद् भागवत' है। विष्णु के दस अवतारों का सांगोपांग और भक्ति रस से परिपूर्ण वर्णन इस ग्रंथ की विशेषता है। तेलुगु में 'भागवत' अत्यन्त प्रसिद्ध एवं लोकप्रिय ग्रंथ है। ऐसा कोई भी तेलुगु भाषी नहीं होगा जिसको दो-चार भागवत के पद्य कंठस्थ न हो। "तेलुगु भाषियों के नित्य-जीवन में अनजाने ही भागवत भक्ति की आर्द्रता समा गयी। भागवत के पद्य को सुनकर तेलुगु भाषी तन्मय हो जाता है। आत्मीय अनुभूति के साथ आलाप करने लगता है। यह विशेष परवशता की दशा है और यह भक्ति की तीव्र अनुभूति को संवेद्य बनाने की शक्ति पोतना की भागवत रचना में है। तेलुगु साहित्य में इस भक्ति रसानुभूति संवलित ग्रंथ का अपना विशिष्ट स्थान है।

श्रीमद् भागवत की रचना पोतना ने पुराण एवं प्रबंध की संश्लिष्ट शैली में किया। यह रचना पुराण के रूप में जितनी प्रसिद्ध है उतनी ही अपनी रस योजना के कारण काव्य के रूप में प्रतिष्ठित है। पुराण के रूप में इस ग्रंथ ने भारतीय संस्कृति एवं भक्ति का समाज में प्रचार किया। सत्य तो यह है कि प्राचीन सामाजिक व्यवस्था में शील-तत्व के साथ भक्ति भावना को भी जागृत करना पुराण का उद्देश्य माना जाता था। "श्रीमदान्ध्र महाभागवत" में विविध

### प्रो. माणिक्यांबा 'मणि'

स्तरों के भक्तों के प्रति भगवान की असीम कृपा का चित्रण मिलता है। गजेंद्र तमोगुण प्रधान भक्त है, ध्रुव रजोगुण प्रधान भक्त है एवं प्रह्लाद तो सत्व गुण संपन्न परम भक्त है। अनुरक्ति से आराधाना करनेवाली गोपियाँ हैं। भागवत के भक्तों के लोक में भिन्न-भिन्न रुचि ही नहीं भिन्न- भिन्न प्रवृत्तियों का समावेश परिलक्षित होता है। सभी भक्त अपने परम आराध्य की भक्ति में तन्मय हैं। इस तन्मयावस्था में भक्ति उज्ज्वल रूप में प्रतिभासित होती है। भागवत महापुराण ऐसा कल्प वृक्ष है जो मानव मात्र के हृदय की गहराइयों में भक्ति के सुमनों से सुरभित कर देता है।

भागवत में भी कृष्ण चरित का विशद् एवं सरस वर्णन मिलता है। "श्रीमदान्ध्र भागवत का रुक्मिणी विवाह का प्रसंग सांसारिक प्रणय की मानों उपनिषद-व्याख्या है। पति में भगवान को देखनेवाला प्रणय-तत्व है, पत्नी में शक्ति का दर्शन करने वाला जीवन-सत्य है। ये दोनों इसमें प्रकाशित हैं। भारतीय प्रणय भावना की तात्विक दृष्टि है पति-पत्नी का पार्वती परमेश्वर जैसा रहने की इच्छा करना। पति शक्ति स्वरूपिणी सती को सायास पाता है। सती पति को प्रणय भक्ति के साथ पाती है। एक तरह से यह दोनों के लिए परम तत्व की साधना के समान है। रुक्मिणी-विवाह में यही कथा प्रतिपादित है। तेलुगु प्रदेश में कन्याएँ इस प्रसंग का पारायण करती हैं। पारायण की सफलता विवाह के रूप में होता है। भक्ति के द्वारा पति-पत्नी का अनुबंध शाश्वत अनुराग का बंधन होता है। इस प्रकार यह प्रसंग लोकप्रिय है।

भक्ति का स्थायी भाव है-भगवद् रूप रति। श्रृंगार का स्थायी भाव रति है। भगवद् रूप रति साधारण रतिभाव से श्रेष्ठ एवं दिव्य है। प्रख्यात तेलुगु आलोचक आचार्य जी. वी. सुब्रह्मण्यम के अनुसार-"लौकिक रति काम भावना है, अलौकिक रति श्रृंगार है और आध्यात्मिक रति भक्ति है। गोपियों के श्रीकृष्ण के रूप को सगुण ब्रह्म के रूप में भावना कर आत्मानुभूति के लिए आध्यात्मिक मार्ग पर प्रस्थान करनेवाली जीवात्माओं के प्रतीक हैं। भागवत

की रमणीय अर्थ प्रतीति के कारण आध्यात्मिक अर्थ प्रकट होता है, उसके द्वारा अलौकिक आध्यात्मिक अनुभूति के रूप में भक्ति प्रतीयमान होती है।"

अलौकिक विभाव श्रीकृष्ण को आलंबन बनाकर भगवद् रूप रति का अनुभव होता है। चरम अवस्था को प्राप्त कर भक्ति की रसदशा होती है। भक्तों की मधुर अनुभूति का सरस आविष्कार सौंदर्य सृष्टि करता है। लयात्मक सौंदर्य सृष्टि ही कविता है। 'भागवत' के काव्य सौंदर्य की यह विशेषता है कि साहित्य के मार्ग से सहृदय-संसार को भक्ति के सौंदर्य में अवगाहन करने योग्य बनाया। पोतना ने नवधा भक्ति के नव उन्मेष में अपनी काव्य रचना को परम रमणीय बनाया। गोपियों की प्रणय लीला में मधुर भक्ति के नव-नव सोपानों का निर्माण किया। शब्द योजना, अर्थालंकार, व्यंजना की सार्थकता, वाक्य-विन्यास योजना, भक्ति के तात्विक चिंतन के साथ भक्ति की अनुभूति की रम्य गहराइयों में ले जाने की अद्भुत क्षमता के कारण पोतना तेलुगु साहित्य के मूर्धन्य भक्त कवि एवं लोकप्रिय रचनाकार हैं। पोतना ने प्रजा के लिए 'भागवत' की रचना की। उनकी रचना अवगाहन के बाद महानास्तिक भी भाव-विभोर हो जाता है। तेलुगु जाति में इस कवि के पद्य, पद बंध, लोकोक्ति आदि का श्रुति सुभग व्यवहार अधिक प्रचार में है।

'स्वांतः सुखाय' रचना करनेवाले भक्त कवि पोतना ने राजाश्रय को ठुकराया। उन्होंने स्पष्ट शब्दों में घोषित किया कि वे अपनी काव्य-कन्या को किसी सामान्य मनुष्य चाहे वह राजा ही के रूप में ही क्यों हो, समर्पित नहीं करेंगे। अपने जीवन में जंगलों में भटक सकते हैं, गरीब किसान होना मंजूर है। किंतु अपनी रचना को किसी भी कीमत पर किसी राजा को समर्पित नहीं करेंगे। उन्होंने स्पष्ट शब्दों में कहा कि राम के आदेश पर उन्होंने भागवत की रचना की "।[2]

## प्रथम आंध्र महापुराणम्: मार्कण्डेय पुराणम्

आंध्र (तेलुगु) साहित्य में पालुकुरिकि सोमनाथ द्वारा रचित पहला पुराण 'बसव पुराण' माना जाता है। किंतु यह पुराण प्राचीन संस्कृत पुराणों

**प्रो. माणिक्यांबा 'मणि'**

की परंपरा में न होकर जैन पुराणों की परंपरा एवं लक्षणों के आधार पर प्रणीत 'वीरशैव पुराण' है। 'बसव पुराण' में बसवेश्वर के चरित्र को जैन तीर्थंकरों के चरित्रों को वस्तु बनाकर लिखे गये कन्नड़ जैन पुराणों की परंपरा के अनुसार होने के कारण इसे 'देशि पुराण' कहा जाता है। मारना द्वारा रचित 'मार्कंडेय पुराण' संस्कृत पुराण ग्रंथों के लक्षणों के अनुसार तेलुगु में लिखा गया पहला पुराण माना जाता है। मारना 'महाभारत' को तेलुगु में प्रणयन करनेवाले कवित्रय के कवि तिक्कना का शिष्य था। तिक्कना ने तत्कालीन समाज में व्याप्त शैव-वैष्णवों के बीच द्वेष को दूर करने के लिए हरि एवं हर (शिव) में अभेद के सिद्धांत को प्रतिपादित किया। उनके विचार में वैदिक मार्ग में निष्ठा के साथ हरि और हर में अभेद रूप भक्ति की साधना हो सकती है। साकार एवं सगुण अवतारों के मूल में निर्गुण-निराकार परम तत्व निरंतर प्रतिभासित होता है। यह परम तत्व ही ज्ञान है, वह ज्ञान ही हरि और हर में 'अभेद भक्ति' कहलाता है। तिक्कना ने शैव और वैष्णवों के सामने हरिहरात्मक परम तत्व के प्रतिपादन द्वारा ज्ञान दृष्टि प्रदान की। इसीलिए तिक्कना के शिष्य मारना ने ज्ञान प्रधान 'मार्कण्डेय पुराण' की रचना के द्वारा तत्कालीन समाज में परम तत्व के संबंध में व्याप्त अज्ञान को दूर करने का निश्चय किया। किसी अवतार की प्रधानता इसमें नहीं है। पुराण का नामकरण भी ब्रह्मर्षि मार्कण्डेय के नाम के आधार पर है। वेदविहित कर्माचरण वैदिक आचार-विचार आदि पर आधारित मार्कण्डेय पुराण वर्ण व्यवस्था, कर्मकाण्ड एवं वैदिक आचार-विचार के विरोध में समाज में व्याप्त वीर शैव धर्म के प्रभाव से जन-समुदाय को वैदिक धर्म के प्रति आसक्त करने के उद्देश्य से लिखा गया। 14 वीं शताब्दी में रचित 'मार्कण्डेय पुराण' का चयन एवं प्रणयन तेलुगु प्रदेश में विशेष कर काकतीय साम्राज्य के धार्मिक एवं सामाजिक परिस्थितियों को ध्यान में रखकर मारना ने विशेष प्रयोजन के लिए ही किया। मारना का 'मार्कण्डेय पुराण' संस्कृत के मार्कण्डेय पुराण का अनुवाद मात्र नहीं। प्रमुख आख्यानों और उपाख्यानों की रसयोजना में मारना के कवि हृदय की सरस अभिव्यक्ति हुई है। इस महापुराण में पुराण की विशिष्ट प्रक्रिया की मर्यादा को ध्यान में

रखते हुए उनके समकालीन तेलुगु साहित्य की साहित्यिक प्रक्रियाओं का पोषण करना ,मारना की कवित्व शक्ति का प्रतीक है। आलोचकों ने कथावस्तु एवं काव्य शिल्प के सौंदर्य के लिए" मार्कण्डेय पुराण "की प्रशंसा की। इस रचना का उद्देश्य मारना की सामाजिक चेतना को भी प्रस्फुटित करना है क्योंकि शैवों एवं वैष्णवों के सामने ज्ञान भक्ति का मार्ग प्रशस्त किया। वीर शैवों की मूढ भक्ति का भी विरोध किया।

## हरिवंश एवं नृसिंह पुराण

एर्रना तेलुगु 'महाभारत' के रचनाकार 'कवित्रय' में तृतीय कवि हैं। उन्होंने नन्नया, तिक्कना के बाद 'अरण्यपर्व' के शेष भाग का अनुसृजन किया। प्रकाण्ड पंडित एवं काव्य प्रतिभा से संपन्न, एर्रना 'प्रबंध परमेश्वर' के नाम से प्रसिद्ध है। 'महाभारत' के शेष भाग की रचना के अतिरिक्त एर्रना ने (1) रामायण, (2) हरिवंश, (3) नृसिंह पुराण- तीन ग्रंथों का प्रणयन किया। रामायण आज अनुपलब्ध है। उसके पद्म यहाँ- वहाँ मिलते हैं। किंतु 'हरिवंश' एवं नृसिंहपुराण के कारण एर्रना अत्यन्त प्रसिध हुए। 'हरिवंश' का आधार संस्कृत 'हरिवंश' होने के बावजूद मूल का अनुवाद-मात्र नहीं है। उन्होंने अपनी मौलिक प्रतिभा से इसे स्वतंत्र रचना के रूप में एक पुराण के रूप में की। "एर्रना की रचनाओं में महान ग्रंथ है- हरिवंश। हरि के अन्य अवतारों के विषय में संक्षिप्त वर्णन करते हुए इसमें कृष्णावतार के कथा-सौंदर्य का विस्तार ही अधिक परिलक्षित होता है। पोतना अगर भागवत की रचना न करते तो उस स्थान को पाने की योग्यता हरिवंश को है। पोतना ने भागवत की कथा में ज्ञान से अधिक भक्ति माधुर्य का आविष्कार किया तो एर्रना ने भक्ति के स्थान पर हरिवंश में ज्ञान- सुगंध को संयम के साथ निर्वाह किया।"[3]

हरिवंश के 19 अध्यायों में 13 अध्याय श्रीकृष्ण चरित्र या अवतार - लीला के वर्णन से आपूर्ण है। 'हरिवंश' में श्रीकृष्ण की बाल्य क्रीड़ाओं का मधुर एवं मर्मस्पर्शी

वर्णन मिलता है।

एर्रना का दूसरा महत्वपूर्ण ग्रंथ है- नृसिंह पुराण। इस रचना के प्रारंभ में एर्रना ने स्पष्ट किया कि यह ग्रंथ दशावतारों में एक नृसिंह अवतार की कथा को पुराण कथा की कथा-योजना के साथ प्रबंध काव्य के रूप में लिखा गया। इस रचना में अहोबिल क्षेत्र महिमा के साथ भक्ति भावना को भी स्थान दिया गया है। एर्रना ने इस ग्रंथ में पुराण कथा के साथ काव्य वर्णन एवं प्रबंध शैली का प्रयोग किया। इस अपूर्व रचना प्रक्रिया के कारण विद्वानों ने इसे 'प्रबंध पुराण' माना है। नृसिंह पुराण में ओज, कांति आदि काव्य गुणों के साथ अलंकारों का भी प्रयोग मिलता है। इस प्रकार नरसिंहावतार का उग्र एवं करुण भावों से समन्वित रूप वर्णन में एर्रना को अद्भुत सफलता मिली और 'नृसिंह पुराण' एक विलक्षण प्रबंध-पुराण के रूप में तेलुगु साहित्य में प्रसिद्ध हुआ।

**नाचन सोमना- उत्तर हरिवंश**

नाचन सोमना ने संस्कृत 'हरिवंश' की कथा का केवल अनुसरण नहीं करते हुए मौलिक प्रतिभा के साथ इस ग्रंथ की रचना की। इस रचना के पीछे सोमना के दो लक्ष्य थे- (1) हरि कथा की महिमा का प्रतिपादन (2) हरि एवं हर (शिव) में अद्वैत की स्थापना। कुछ आलोचकों के अनुसार विष्णु एवं शिव में अभेद प्रतिपादन ही उनका प्रधान लक्ष्य था। नाचना सोमना ने तत्कालीन समाज में शैव एवं वैष्णवों में व्याप्त विद्वेष की भावना को दूर करने के सामाजिक दायित्व को प्राथमिकता दी थी। इस कथा योजना में छः आश्वासों (अध्याय) में कथावस्तु को समग्र रूप से प्रस्तुत किया गया है। द्वितीय अध्याय में श्री कृष्ण ने पुत्र की कामना के साथ शिव की कृपार्थी होकर तपस्या करने का वर्णन है। यहाँ कृष्ण अर्थी और शिव दाता है। कृष्ण विष्णु का अवतार है। पुत्रार्थी के रूप में वह श्रीमन्नारायण नहीं है। इस में स्वयं वर देवता शिव ही के द्वारा श्रीकृष्ण की स्तुति परमतत्व के रूप में की गयी है। शिव और विष्णु में अभेद का प्रतिपादन करने नाचना सोमना ने कथा- संयोजन की

प्रतिभा का परिचय दिया। इस रचना से यह प्रमाणित होता है कि दक्षिण में शिव और विष्णु भक्तों में व्याप्त द्वेष भावना को दूर करने तिक्कना, सोमना आदि देशीय भाषाओं के कवियों ने अपनी रचनाओं के द्वारा प्रयास किया और स्वस्थ समाज के लिए अपना योगदान दिया।

15 वीं शताब्दी के तृतीय चरण को पुराण युग के नाम से जाना जाता है। पोतना ने 'श्रीमद् भागवत' के बाद लिखे गये कुछ अन्य पुराण हैं - "वराह पुराण"- रचनाकार नंदी मल्लना और घंटा सिंगन्ना, "पद्मपुराण" (उत्तर खण्ड) रचनाकार मडिकि सिंगन आदि। इन पुराणों का प्रणयन इसी समय हुआ था। इन पुराणों ने समसामयिक समाज की धार्मिक एवं दार्शनिक विचारधाराओं को प्रभावित किया। उदार भावना विकसित करने में महत्वपूर्ण योगदान दिया।

***

**संदर्भ ग्रंथ :**

1. बसव पुराण निर्माणमु, जैन पुराण प्रभावमु- निबंध, पुस्तक का नाम- अनुशीलन, जी.वी. सुब्रह्मण्यम

2. श्रीमदआंध्रभागवतमु–अवतारिका (तेलुगु)

3. साहित्य चरित्रलो चर्चनीयांशालु, जी.वी.सुब्रह्मण्यम, तेलुगु अकादमी प्रकाशन

****************************************

# जीवन वृत्त

| | | |
|---|---|---|
| नाम | : | **डॉ.(श्रीमती) पी.माणिक्यांबा 'मणि'** |
| पद | : | प्रोफेसर एवं विभागाध्यक्ष (सेवा निवृत्त)<br>हिंदी विभाग, उस्मानिया विश्वविद्यालय<br>हैदराबाद–500 007 |
| जन्म तिथि | : | 27 जुलाई, 1947 |
| मातृभाषा | : | तेलुगु |
| अकादमिक रिकार्ड | : | 1. एम.ए. (हिंदी) 1974, प्रथम<br>**दो स्वर्ण पदक प्राप्त**<br>उस्मानिया विश्वविद्यालय<br>अ) प्रथम<br>आ) प्रथम (हिंदीतर भाषियों में प्रथम)<br>2. एम.ए. (संस्कृत), 1986, उस्मानिया वि.वि.<br>3. पीएच.डी. (हिंदी)<br>1980, उस्मानिया विश्वविद्यालय<br>विषय : महादेवी के कार्व्य में बिंब–विधान<br>प्रकाशित : प्रथम संस्करण–1986<br>सौरभ प्रकाशन, हैदराबाद<br>निर्देशक :<br>डॉ.राजकिशोर पांडेय<br>विभागाध्यक्ष एवं प्रोफेसर (सेवा निवृत्त)<br>उस्मानिया विश्वविद्यालय, हैदराबाद<br>द्वितीय संस्करण–2008<br>अन्नपूर्णा प्रकाशन, कानपुर |
| विशेषज्ञता | : | 1. आधुनिक काव्य<br>2. तुलनात्मक भाषाविज्ञान |
| पढ़ाए गए विषय | : | 1. आधुनिक काव्य<br>2. आधुनिक गद्य<br>3. काव्य शास्त्र<br>4. आधुनिक हिंदी नाटक |

5. तुलनात्मक साहित्य

6. मध्यकालीन काव्य

**अध्यापन** : एम.ए. छात्रों को पढ़ाने का 35 वर्षों का अनुभव

**शोध निर्देशन** : एम.फिल. एवं पीएच.डी. छात्रों का मार्गदर्शन

**शोध परियोजना** : यू.जी.सी. की दो बृहद परियोजनाएँ

**पुरस्कार** :

1. सौहार्द पुरस्कार (तेलुगु भाषी हिंदी विद्वान) 2017, उत्तर प्रदेश हिंदी संस्थान, लखनऊ, उत्तर प्रदेश
2. 'साहित्य सेतु' सम्मान, विश्वभारती विश्वविद्यालय, शांति निकेतन, पश्चिम बंगाल, 2017
3. गंगा शरण सिंह पुरस्कार (तेलंगाना), 2016, केंद्रीय हिंदी संस्थान, आगरा, उत्तर प्रदेश
4. प्रतिभा पुरस्कार–2013, एस.डी.प्रचार समिति, भीमिली, आंध्र प्रदेश
5. भीमसेन निर्मल स्मृति पुरस्कार–2012, बी.एन.एस.बी., हैदराबाद
6. 'जलगीत' (पद्य) के लिए मानव संसाधन विकास मंत्रालय, केंद्रीय हिंदी निदेशालय, नई दिल्ली द्वारा हिंदीतर भाषी हिंदी लेखक पुरस्कार
7. विश्व हिंदी सम्मान–2007, आठवीं विश्व हिंदी सम्मेलन, न्यूयार्क, यू.एस.ए 2007, भारत सरकार
8. 'जलगीत' 2010 के लिए श्रेष्ठ अनुवादक पुरस्कार
9. विशिष्ट हिंदी सेवा सम्मान, राष्ट्रीय हिंदी अकादमी, कोलकता, पश्चिम बंगाल

**एसोसिएशन** : मेंबर, सेंट्रल एडवाइज़री बोर्ड, अफिशियल लैंग्वेज, मिनिस्ट्री ऑफ टूरिज़म, भारत सरकार, 1999

**अंतर्राष्ट्रीय संगोष्ठी में/प्रतिष्ठित पत्रिकाओं में प्रकाशित आलेख–50**

**संगोष्ठी/कार्यशाला में प्रस्तुत आलेख–65**

**विशेष व्याख्यान–20**

1. हिंदी विभाग, विश्वभारती विश्वविद्यालय, शांतिनिकेतन, प.बंगाल
2. बंग्ला भाषा विभाग, बनारस हिंदू विश्वविद्यालय, बनारस, उत्तर प्रदेश
3. इलाहाबाद विश्वविद्यालय, इलाहाबाद, उत्तर प्रदेश
4. बैंगलूर विश्वविद्यालय, बैंगलूर, कर्नाटक
5. बाबा साहेब अंबेडकर मराठवाडा विश्वविद्यालय, औरंगाबाद, महाराष्ट्र

6. मौलाना आज़ाद नेशनल उर्दू विश्वविद्यालय, हैदराबाद
7. हैदराबाद विश्वविद्यालय, हैदराबाद
8. केंद्रीय हिंदी संस्थान, हैदराबाद
9. उच्च शिक्षा और शोध संस्थान, दक्षिण भारत हिंदी प्रचार सभा, हैदराबाद
10. प्रसंग तरंगिनी, राजमंड्री, पूर्व गोदावरी
11. विभिन्न विश्वविद्यालयों में विस्तृत व्याख्यानमाला

**संगोष्ठी / कार्यशाला :**

अ) 1. स्वतंत्रता पूर्व भारत में महिला लेखन और महादेवी वर्मा का साहित्य– 8–9 फरवरी, 2007

2. प्रेमचंद का कथा साहित्य वर्तमान संदर्भ, दो दिवसीय राष्ट्रीय संगोष्ठी– 27–28, जनवरी, 2006, निदेशक एवं विभागाध्यक्ष, हिंदी विभाग, उस्मानिया विश्वविद्यालय, हैदराबाद

3. राष्ट्रीय काव्यधारा : सुभद्रा कुमारी चौहान का काव्य– 2005, 5 जनवरी, संयोजक, हिंदी विभाग, उस्मानिया विश्वविद्यालय, हैदराबाद

4. राष्ट्रीय संगोष्ठी, तुलनात्मक अध्ययन–प्रासंगिकता– मार्च 1999, सदस्य, कार्यकारिणी समिति, हिंदी विभाग, उस्मानिया विश्वविद्यालय,

10. राष्ट्रीय संगोष्ठी, समकालीन साहित्य– नवंबर, 1997, सदस्य, आर्गेनाइज़िंग कमिटी, हिंदी विभाग, उस्मानिया विश्वविद्यालय

आ) 1. नवीकरण पाठ्यक्रम हिंदी विभाग– सितंबर 2005, निदेशक एवं अध्यक्ष, अकादमिक स्टॉफ कॉलेज, उस्मानिया विश्वविद्यालय, हैदराबाद

2. विषय विशेषज्ञ : विभिन्न विश्वविद्यालयों के लिए।

**पीएच.डी. निर्देशक के रूप में**

अ) 1. 12 छात्रों को पीएच.डी. अवार्ड
2. 5 छात्रों को एम.फिल. अवार्ड

आ) विभिन्न विश्वविद्यालयों में पीएच.डी. मूल्यांकक के रूप में कार्यरत

**शोध परियोजनाओं का प्रकाशन**

1. 'बीसवीं शती के हिंदी और तेलुगु नाटक : विविध आयाम (1901–1950)' यू.जी.सी. बृहद परियोजना, नई दिल्ली, 1997–2000 – प्रकाशित

2. स्त्री विमर्श—भारतीय नवजागरण (हिंदी और तेलुगु साहित्य के संदर्भ में) बृहद परियोजना, यू.जी.सी.—2008–2011 — प्रकाशित

### पुस्तकें / आलेख / केस स्टडी / कॉमेंट्स

1. 'युग निर्माता साहित्यकार—चिलकमर्ति लक्ष्मी नरसिंहम' साहित्य अकादमी, नई दिल्ली द्वारा प्रकाशित
2. 1986 एवं 2008 में पीएच.डी. शोध प्रबंध प्रकाशित, विषय : 'महादेवी के काव्य में बिंब विधान'

### कार्य क्षेत्र

1. विभागाध्यक्ष, हिंदी विभाग, उस्मानिया विश्वविद्यालय, हैदराबाद
2. चेयरपर्सन, बोर्ड ऑफ स्टडीज़, उस्मानिया विश्वविद्यालय, हैदराबाद
3. चेयरपर्सन, बोर्ड ऑफ स्टडीज़, ओरियंटल लैंग्वेज़ेस, उस्मानिया विश्वविद्यालय, हैदराबाद
4. सचिव, तुलसी भवन, भक्ति—साहित्य एवं शोध संस्थान, उस्मानिया विश्वविद्यालय, हैदराबाद
5. वाइस प्रेसिडेंट, तुलसी भवन, भक्ति—साहित्य एवं शोध संस्थान, उस्मानिया विश्वविद्यालय, हैदराबाद
6. सदस्य, चयन समिति (पुरस्कार), साहित्य अकादमी, बेंगलूर
7. सदस्य, चयन समिति (पुरस्कार), केंद्रीय हिंदी संस्थान, आगरा
8. विभिन्न विश्वविद्यालयों में चयन समिति के सदस्य के रूप में

### डॉ. माणिक्यांबा 'मणि' प्रोफेसर एवं विभागाध्यक्ष, उस्मानिया विश्वविद्यालय, हैदराबाद

### प्रकाशित पुस्तकें

1. महादेवी के काव्य में बिंब विधान, प्रथम संस्करण—1985, द्वितीय संस्करण—2008, अन्नपूर्णा प्रकाशन, कानपुर, उत्तर प्रदेश
2. कन्या शुल्कम (तेलुगु नाटक) की प्रासंगिकता, सौरभ प्रकाशन, हैदराबाद
3. युग निर्माता साहित्यकार, चिलकमर्ति लक्ष्मी नरसिंहम, साहित्य अकादमी, नई दिल्ली
4. आधुनिक हिंदी और तेलुगु नाटक—विविध आयाम, सौरभ प्रकाशन, हैदराबाद, 2008

5. प्रेमचंद (संगोष्ठी प्रपत्र) संपादक, हिंदी विभाग, उस्मानिया विश्वविद्यालय, हैदराबाद, 2007
6. स्त्री विमर्श – भारतीय नवजागरण (हिंदी–तेलुगु) 2013, लोक–संस्कृति प्रकाशन, दरियागंज, नई दिल्ली
7. स्त्रीवाद और वोल्गा का साहित्य–2014, द्वितीय संस्करण 2017, अन्नपूर्णा प्रकाशन, कानपुर

**तेलुगु से हिंदी में अनुवाद**

8. जलगीत (लंबी कविता–116 पृष्ठ), 2005 एवं द्वितीय संस्करण 2008, प्रकाशन संस्थान, नई दिल्ली
9. कठोपनिषद (गद्य), (कठोपनिषद में योग का तात्विक निरूपण), 2005, सनातन धर्म प्रचार समिति, हैदराबाद
10. यशोदा नंदगेहिनी (ललित गद्य), 2008, सौरभ प्रकाशन, हैदराबाद
11. भूमिका, 2008, मूल लेखक–सी.नारायण रेड्डी, अनुवाद, सौरभ प्रकाशन, हैदराबाद

**हिंदी से तेलुगु में अनुवाद**

12. नीले घोड़े पर सवार, (नरेंद्र मोहन की लंबी कविताएँ), अनुवाद, 2010, सौरभ प्रकाशन, हैदराबाद
13. विभिन्न पत्रिकाओं में कविताएँ एवं कहानियाँ, भारतीय ज्ञानपीठ, भाषा, संकल्य, साहित्य–सेतु, आलोचना आदि ग्रंथों में प्रकाशित।

**सह–अनुवादक**

14. कविता मेरी सांस, ज्ञानपीठ पुरस्कार विजेता सी.नारायण रेड्डी की कविताओं का अनुवाद, ज्ञानपीठ प्रकाशन, नई दिल्ली
15. उन आंखों की कथा (कहानियों का संकलन), ज्ञनपीठ प्रकाशन, नई दिल्ली
16. सामाजिक कांति के दस्तावेज, वाणी प्रकाशन, नई दिल्ली
17. तेलुगु काव्य में दलित दस्तक, संपादक–रमणिका गुप्ता, नव–लेखन प्रकाशन, हजारीबाग
18. गरजते आँसू, सी.नारायण रेड्डी की कविताओं का अनुवाद, संपादक–भीमसेन निर्मल, मिलिंद प्रकाशन, हैदराबाद
19. गोपि की कविता (कविताओं का संकलन), महती प्रकाशन, हैदराबाद

20. समकालीन कथा–बदलते परिवेश, गोलकोंडा दर्पण प्रकाशन, हैदराबाद
21. अनुशीलन–महादेवी विशेषांक, हिंदी विभाग–सी.एस.टी विश्वविद्यालय, कोचिन
22. आधुनिक हिंदी काव्य में नारी परिकल्पना, प्रकाशक–सेंट पॉयस पी.जी.कालेज फॉर वुमेन, हैदराबाद
23. वैश्वीकरण और अनुवाद, मिलिंद प्रकाशन, हैदराबाद

**महत्वपूर्ण प्रकाशन**

1. जीव की इच्छा, ज्ञानपीठ पुरस्कार विजेता विश्वनाथ सत्यनारायण की कहानी (अनुवाद), प्रकाशित–182, नवंबर–दिसंबर 2015, समकालीन भारतीय साहित्य, साहित्य अकादमी, नई दिल्ली
2. रावूरि भरद्वाज (ज्ञानपीठ पुरस्कार विजेता) व्यक्तित्व और रचनाधर्मिता पृ.सं. 28–33, साहित्य सेतु, आंध्र प्रदेश हिंदी अकादमी, हैदराबाद
3. स्वतंत्रता पूर्व महिला–पत्रकारिता (हिंदी–तेलुगु साहित्य) पृ.सं. 74–84 समन्वय दक्षिण, अक्तूबर–दिसंबर, 2016, केंद्रीय हिंदी संस्थान, हैदराबाद
4. तेलुगु का पुराण–साहित्य, पृ.सं. 59–66, समन्वय दक्षिण, अप्रैल–सितंबर, 2017
5. कन्याशुल्कम एवं गुरजाडा अप्पा राव, पृ.सं. 39–51, समन्वय दक्षिण, जनवरी–मार्च, 2018, केंद्रीय हिंदी संस्थान, हैदराबाद
6. पद–साहित्य और तेलुगु के भक्त कवि, पृ.सं. 77–82, साहित्य–सेतु, अप्रैल–जून 2018, आंध्र प्रदेश हिंदी अकादमी, हैदराबाद
7. काशी यात्रा चरित्र, आलेख प्रकाशित, पृ.सं. 36–43 , समन्वय दक्षिण, जनवरी–मार्च, 2019, केंद्रीय हिंदी संस्थान, हैदराबाद

**पता :**

डॉ.पी.माणिक्यांबा 'मणि', एच–608, अपर्णा साइबर कम्यून, नल्लगंड्ला, शेरिलिंगमपल्ली,
हैदराबाद–500 019, तेलंगाना, मोबाइल–09866139120, 040–67768333,
ई–मेल–manikyamba@gmail.com

* * *

# KASTURI VIJAYAM

📞 00-91 95150 54998
KASTURIVIJAYAM@GMAIL.COM

## SUPPORTS

- PUBLISH YOUR BOOK AS YOUR OWN PUBLISHER.

- PAPERBACK & E-BOOK SELF-PUBLISHING

- SUPPORT PRINT ON-DEMAND.

- YOUR PRINTED BOOKS AVAILABLE AROUND THE WORLD.

- EASY TO MANAGE YOUR BOOK'S LOGISTICS AND TRACK YOUR REPORTING.

www.ingramcontent.com/pod-product-compliance
Lightning Source LLC
LaVergne TN
LVHW032010070526
838202LV00059B/6379

* 9 7 8 8 1 9 6 4 8 7 2 1 8 *